Südfinnland · Helsinki

Wenn man Finnland das ›Land der Tausend Seen‹ nennt, so ist das eigentlich eine gewaltige Untertreibung. Denn die tatsächliche Anzahl der Seen im nördlichsten Festland der Erde liegt um ein Vielfaches höher: Exakt 187 888 Seen hat man gezählt – eine kaum vorstellbare Zahl. Doch so abstrakt sie auch ist: Diese Zahl umschreibt das Versprechen, das jede Finnlandreise, die auch nur ein paar Autostunden über Helsinki hinausführt, einlösen wird: Finnland ist eine einzigartige, schier überwältigende Symphonie aus Wasser und Wald.

Die Südhälfte Finnlands, vom Finnischen Meerbusen bis etwa zur Linie Vaasa–Nurmes, erfüllt alle Erwartungen, die man an Ferien im Land unter der blau-weißen Flagge nur stellen kann. Hier liegen die großen Seenplatten von Saimaa und Päijänne, und vor der Küste breitet sich die Zauberwelt der Schärengärten aus, die man bereits auf der Anreise ein erstes Mal berührt. Im kurzen, aber warmen Sommer wird man hier Landschaften erleben, in denen man die Stille und das Licht trinken möchte. Im Ferienhaus, ob an einer versteckten Bucht oder einem tiefblauen See, wird man sich einweihen lassen in die Künste des Angelns, des Kanufahrens, des Saunierens – und des Nichtstuns.

Dabei wird es nie langweilig werden: Die Finnen, die wissen, was sie an ihrem Sommer haben, feiern die langen, milden Tage aus Leibeskräften. Kaum ein Ort, der im Sommer kein Klassik-, Jazz- oder Folklorefestival bietet. Im Westen und Süden begegnet man dabei häufig schwedischen Klängen: Die zauberhaften Åland-Inseln etwa liegen nicht nur geographisch, sondern auch kulturell näher an Schweden als an Finnland. Karelien dagegen, Finnlands ›wilder Osten‹, ist russisch geprägt: Hier pflegt man östliche Tänze und Lieder. Und genießt – natürlich – seinen Wodka.

Helsinki, die stolze ›Tochter der Ostsee‹, ist der städtische Kontrapunkt zu der endlosen Weite des Seenlandes: Noch die meisten ihrer Besucher hat diese mitnichten stille und erst recht nicht kühle Metropole überrascht. Meisterlich ist vor allem ihre Architektur: Helsinki birgt klassizistische Ensembles, wie man sie selbst in London, Rom oder Berlin nicht mehr findet, aber auch epochemachende Schöpfungen der Moderne: Nicht umsonst besitzt Finnland mit Alvar Aalto einen der einflußreichsten Baumeister (und Designer!) des 20. Jahrhunderts.

Finnland, erst seit 1917 ein selbständiger Staat, lag lange am Rand Europas. Seit Anfang 1995 ist es Mitglied der Europäischen Union, und das Reisen nach Finnland, zuvor sehr teuer, ist seither günstiger geworden. Ein Grund mehr, das Land der 187 888 Seen endlich zu besuchen! Bert Baesgen, der den Text zu diesem HB-Bildatlas schrieb, und Fred Krüger, der die Fotos erstellte, laden herzlich dazu ein.

Urlaub für die Seele, Erholung pur: Kein Land Europas bietet eine so große unberührte Wildmark wie Finnland.

Titelbild: Volkstanz beim Mittsommerfest in Helsinki.

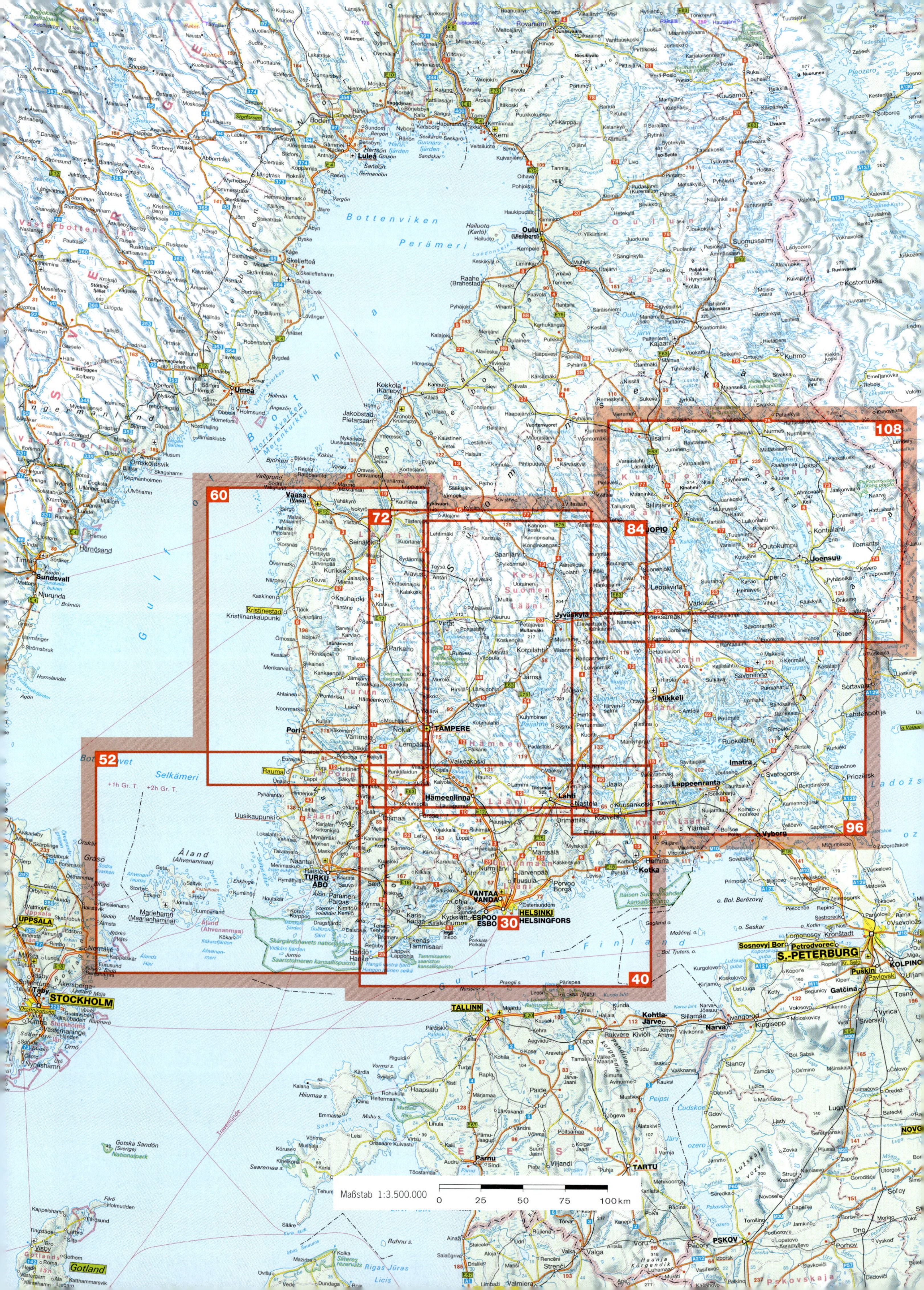

108
84
96
72
60
52
40
30
Bottenviken
Perämeri
Selkämeri
Gulf of Finland
Oulu (Uleåborg)
Kemi
Luleå
Umeå
Vaasa (Vasa)
Kristinestad
Kristiinankaupunki
Pori
Rauma
TURKU ÅBO
Tampere
Jyväskylä
Kuopio
Joensuu
Mikkeli
Savonlinna
Lappeenranta
Imatra
Hämeenlinna
Lahti
Kotka
VANTAA VANDA
ESPOO ESBO
HELSINKI HELSINGFORS
Hanko Hangö
Mariehamn (Maarianhamina)
Åland (Ahvenanmaa)
Vyborg
S.-PETERBURG
Kronštadt
TALLINN
Narva
Haapsalu
Pärnu
TARTU
PSKOV
UPPSALA
STOCKHOLM
Gotland
Sundsvall
Maßstab 1:3.500.000
0 25 50 75 100 km

Inhalt

Dolce vita in Schwedisch-Finnland: Die zauberhaften Åland-Inseln sind eines der beliebtesten Reviere für Freizeitskipper in Skandinavien.

SILJA LINE
FINLANDIA PRINCESS
10

Finnland beginnt auf dem Meer

Nur wer 3000 Kilometer Landweg in Kauf nimmt, kommt an der Ostseeüberquerung vorbei. Doch warum sollte man! Die hochhausgroßen weißen Fährschiffe bieten nicht nur frische Luft und Salz auf den Lippen, sondern auch Komfort und viel Entertainment. Wer von Stockholm aus anreist, verbringt einen Tag an Bord; ab Travemünde kommt auch die Nacht dazu. Doch die Ostseefähren sind mehr als nur Verkehrsmittel: Auf ihnen beginnt Finnland bereits auf dem Meer.

Mit bis zu 75000 Pferdestärken durch den Schärengarten: Die Schiffe der Silja Line fahren bis mitten ins Zentrum von Helsinki.

Finnland – Kinderland

Gute Nachrichten für Familien auf Finnlandreise: Beim Ferienhaus keine Nachbarn, die sich über Kinderlärm beschweren! Jede Menge Platz zum Toben, im Wald, am See und am Fluß! Spielecken überall! Und herausgeputzt wird sich höchstens zu Weihnachten oder zum Mittsommerfest. Nach glänzenden Kinderaugen muß man jedenfalls in Finnland nie lange suchen.

Kinder sitzen in der ersten Reihe: Zuschauer im ›Muminland‹ in Naantali, einem der beliebtesten Familienparks des Landes.

1966
HIGH

Nordisches Festivalfieber

Es soll in Finnland Gemeinden geben, die sich zur ›festspielfreien Zone‹ erklärt haben – jedoch wohl kaum aus Protest, sondern eher mit Bedauern. Denn Feste zu feiern, ob privat oder im ganz großen Rahmen, das ist eine nationale finnische Leidenschaft. Vor allem im Sommer, wenn die Nächte hell und kurz sind, erlebt man ein Festspielland par excellence. Ob Jazz in Pori oder Folklore in Karelien, ob Wagner in Savonlinna oder Sibelius in Helsinki: Es ist Musik drin in Finnland – überall.

Manhattan Transfer, Miles Davis und Ray Charles, ja sogar Bob Dylan: Sie alle waren schon dabei in Pori, beim Jazzfestival im Juli, einem der größten Europas.

Stille Tage in Suomi

Böse Zungen behaupten, Finnland sei ein großer Wald, in dem sich fünf Millionen Menschen verstecken. Wer aber die Stille liebt, kann die Finnen um ihre endlosen Wälder nur beneiden. Zwei Drittel der Oberfläche des Landes sind von Bäumen bedeckt. Zwar sind weite Teile künstliche Forste – Finnlands Holzindustrie hat gigantische Ausmaße. Als Ort der Erholung für Leib und Seele steht der Wald den Menschen gleichwohl zur Verfügung. Winters wie sommers, zum Skiwandern oder Beerensammeln – oder einfach nur, um der Stille zuzuhören.

Birkenwälder in scheinbar grenzenloser Einsamkeit: Im Winter hüllt sich die Natur in Schweigen.

Sommernachtsträume

In Südfinnland taucht die Sonne zur Mittsommerszeit nur kurz unter den Horizont. Hoch im Norden, in Lappland, bleibt sie sogar rund um den Tag sichtbar, wochenlang: Dort ist dann die Zeit der Mitternachtssonne.
Der Johannistag, der längste Tag des Jahres, ist in ganz Finnland ein nationaler Festtag: Man entzündet die Mittsommerfeuer und genießt die Wärme der nur ein paar Dämmerstunden oder -minuten dauernden Nächte.
Und erzählt von den Elfen und Feenwesen, die in dieser nachtlosen Zeit in den Wäldern tanzen.

Mitternächtliche Farbspiele auf den Åland-Inseln: In der Mittsommernacht verwandelt sich die Schärenlandschaft in einen Zaubergarten.

Finnland kompakt: Land,

›Tervetuloa‹ – ›Wilkommen‹

›Tervetuloa‹ heißt der Willkommensgruß in Finnland – einem Land, das es offenbar schwerer hat als die Sonnenländer des Südens, Sympathien zu gewinnen. Kalt, fern, schwer zugänglich: So lauten gängige Vorurteile, die auf Finnland und die Finnen angewandt werden – völlig unbegründeterweise. Aufdringlichkeit, soviel ist richtig, ist keine finnische Tugend, echte Herzlichkeit dagegen sehr wohl. Übliche Beweise finnischer Gastfreundschaft sind etwa die Einladung zur Angeltour oder zum Bad in der hauseigenen Sauna, in der man seinen Kreislauf auf Trab bringt, während der Hausherr einen Imbiß oder das Abendessen vorbereitet.

Sommer- und Winterziel

Klimatisch, ob im langen, frostklaren Winter oder im hellen, warmen Sommer, ist gerade Südfinnland das ganze Jahr über relativ stabil. Die Niederschlagsmengen sind insgesamt gering; nur im – hier nicht beschriebenen – Norden Finnlands (Lappland) bringt der Winter große Schneemengen. Insgesamt ist das Wetter kontinental, nicht atlantisch geprägt, und so kann man sich auf Temperaturen

Längst nicht so schlecht wie sein Ruf ist das Wetter in Finnland. Im Sommer – hier auf den Åland-Inseln – kann es richtig heiß werden.

von 20 Grad Celsius und mehr im – allerdings kurzen – Sommer (Hauptsaison Ende Mai bis Mitte August) ebenso wie auf den stahlblauen Winterhimmel weitgehend verlassen (Wetterdaten siehe Seite 112).

Aktivurlaub in Finnland

Finnland ist ideal für Aktivferien zu fast jeder Jahreszeit. Die Sommersaison ist die Zeit für Trekking in den Nationalparks, für Fahrradtouren, am besten in den küstennahen Gebieten im Süden, und für Angelexkursionen und Kanuwanderungen auf den Seen, Flüssen und Kanälen im Landesinneren. In den Schärengebieten der Ostsee finden Segler große Herausforderungen; wer die Reviere nicht kennt, sollte hier mit größter Vorsicht navigieren.

Ende August werden die Tage wieder kürzer; reizvoll ist noch der September, wenn sich das Laub verfärbt. Wintersportler – paradiesisch sind die Bedingungen für Skilangläufer – sollten möglichst Februar oder März als Reisetermin wählen. Für Skiwanderungen und Hunde- oder Motorschlittenfahrten sind die Tage im Dezember und Januar zu kurz.

Sprache

Mit den Menschen in Finnland, so lautet ein Vorurteil, könne man allein deshalb schon nicht reden, weil niemand ihre Sprache versteht. Richtig ist, daß das zur finno-ugrischen Sprachfamilie zählende Finnisch nur mit dem Ungarischen, dem Estnischen und einigen kleinen osteuropäischen und asiatischen Sprachen verwandt ist. Ähnlichkeiten mit westlichen Sprachen sind nur bei internationalen Begriffen (›taksi‹ = Taxi; ›ottomatti‹ = Automat; ›bussi‹ = Bus) oder einigen in der Hansezeit übernommenen deutschen Wortstämmen (›kauppatori‹ = Kauf-, Marktplatz; ›leipä‹ = Brotlaib; ›pullo‹ = Pulle, Flasche) erkennbar. Alles andere dagegen klingt wahrlich wie aus einer anderen Welt; vor allem die vielen Doppellaute (ää, ii, yy usw.) verwirren uns. Die Aussprache jedoch ist kinderleicht: Betont wird immer auf der ersten Silbe, und alles wird so ausgesprochen, wie es sich liest.

Viel wichtiger aber ist: Auf Verständigungsprobleme wird man viel seltener stoßen, als man glauben möchte. Fast alle jüngeren Finnen sprechen Englisch und sehr viele, vor allem Ältere, auch Deutsch. Der Südwesten längs der Küste ist ohnehin zweisprachig (Schwedisch/Finnisch), und auf den Åland-Inseln ist Schwedisch erste Sprache. (Allerdings sprechen nur sechs Prozent aller Finnen Schwedisch als Muttersprache.)

Land und Bevölkerung

Mit 338000 Quadratkilometern Fläche ist Finnland fast so groß wie die Bundesrepublik Deutschland, bei allerdings nur 5,03 Millionen Einwohnern, das heißt 17 Einwohnern pro Quadratkilometer im Landesdurchschnitt (Deutschland: 240). Rund sechzig Prozent der Finnen leben in Städten und größeren Orten; Helsinki ist mit gut 500000 Einwohnern die größte Stadt, gefolgt von Espoo und Tampere, beide mit rund 180000 Einwohnern. 87,8 Prozent der Bevölkerung

Kanuwanderungen sind eine der beliebtesten sommerlichen Aktivitäten. Tausende von Wasser-Kilometern stehen zur Verfügung.

gehören der lutherischen Kirche an, 1,1 Prozent sind russisch-orthodox, zehn Prozent konfessionslos.

Die längste Nord-Süd-Ausdehnung beträgt 1160 Kilometer, von West nach Ost sind es 540 Kilometer. Auf 586 Kilometern grenzt Finnland an Schweden, auf 727 Kilometern an Norwegen und auf 1269 Kilometern an Rußland. Der höchste Berg (Haltituntiri, 1300 Meter) und der längste Fluß (Kemijoki, 512 Kilometer) befinden sich in Lappland. Finnland ist in elf Provinzen unterteilt; Sonderstauts genießen die seit 1921 zu Finnland gehörigen Åland-Inseln.

Wirtschaft

Die produktivste und mit 110 Einwohnern pro Quadratkilometer am dichtesten besiedelte Zone bilden die küstennahen Gebiete. Über die großen Häfen (Kotka, Turku, Pori, Vaasa und Helsinki) werden Industriegüter und Rohstoffe exportiert. Auf den Weiden und Äckern längs der Küste wird auf überwiegend kleinen Flächen Landwirtschaft betrieben, vornehmlich Milchwirtschaft.

Insgesamt jedoch sind nur 8,1 Prozent der Fläche Finnlands Ackerfläche – gegenüber 68,7 Prozent an Waldgebieten. Finnland ist eines der waldreichsten Länder der Erde; traditionell ist Holz deshalb die wichtigste Handelsware. Bis in die fünfziger Jahre wurde hauptsächlich Schnittholz und Hobelware ausgeführt; heute überwiegen Holzprodukte, vom Zellstoff über Papier und Pappe aller Spezifikationen bis hin zu Designer-Möbeln und Sportbooten.

Daß auch Bergbau, Chemie, Metall- und Textilindustrie wichtige Rollen spielen, wurde schmerzhaft deutlich, als Finnland mit der Auflösung der Sowjetunion seinen wichtigsten Handelspartner verlor:

Wirtschaft, Geschichte

Die Bestellungen für Schuhe und Textilien, aber auch für Kupfer, Kobalt und Nickel, blieben aus, und Finnland geriet in eine schwere Wirtschaftskrise. Rapide steigende Arbeitslosenzahlen und der Abbau des bis dahin als vorbildlich gepriesenen Sozialsystems waren unumgänglich. Erst nach zweimaliger Abwertung der Finnmark – zum Nutzen des Fremdenverkehrs – konnte die Talfahrt gebremst werden. Mit dem EU-Beitritt 1995 hat man sich neue Marktzugänge in Mittel- und Westeuropa erschlossen. Im Maschinenbau (für Papierindustrie und Schiffsbau, z.B. Eisbrecher, Combicarrier und Fischfangboote), aber auch im HighTech-Bereich (Monitore, HiFi-Geräte) erobert sich Finnland wichtige Positionen.

Über die Häfen der Südküste, hier Kotka, werden vor allem Holzerzeugnisse, aber auch Maschinen und Elektronik exportiert.

Zwischen Schweden ...

Ins Licht der Geschichte trat das nach der letzten Eiszeit erstmals besiedelte Land mit der Christianisierung Nordeuropas. Als Vorreiter der Mission agierten die Könige Schwedens. In drei ›Kreuzzügen‹ (1155, 1239, 1293) annektierten sie Finnland als Reichsteil (endgültig 1362). 1323 stieß Schweden erstmals auf den Widerstand russischer Fürsten und mußte sich Karelien mit Nowgorod teilen. Gustav I. Vasa (1523/60) und Gustav II. Adolf (1611/32) schoben die Grenze dennoch weiter nach Osten und Norden vor. 1617 gelang Gustav Adolf sogar die Vereinigung ganz Kareliens unter schwedischer Flagge.

... und Rußland

Im Nordischen Krieg (1700/21), verlor Schweden seine Macht über Finnland. 1721 konnte Rußland die Rückgabe Kareliens und die Abtretung Vyborgs erzwingen; weitere Gebiete in Südostfinnland folgten 1741 (Friede von Turku). Hungersnöte und Bauernaufstände gegen schwedische Gouverneure ermöglichten 1809 schließlich die vollständige Annexion Finnlands durch Rußland. Dabei gewährte Zar Alexander I. Finnland weitreichende Freiheiten: Im Frieden von Hamina (1809) wurde Finnland ein autonomes Großfürstentum im russischen Reich; Hauptstadt wurde Helsinki. Im Krimkrieg jedoch (1853/56) wurde deutlich, daß Rußland Finnland als strategischen Puffer gegen Westeuropa betrachtete. Nach ersten Zugeständnissen (1863 Einführung des Finnischen als Amtssprache) begannen die Zaren, die finnischen Rechte wieder einzuschränken (Februarmanifest Nikolaus' II. 1899). Heftige Proteste bis hin zum Generalstreik (1905) folgten. 1906 gab Rußland mit der Zulassung des allgemeinen Wahlrechts (erstmals in Europa auch für Frauen) vorübergehend nach.

Zur offenen Konfrontation kam es vor dem Hintergrund der russischen Oktoberrevolution. Als in Petersburg der Zar abdanken mußte, erklärte Finnland am 15. November 1917 seine Souveränität. Zur Vertreibung der russischen Truppen wurde eine ›Weiße Garde‹ unter Führung General Mannerheims aufgestellt, des späteren Marschalls und Staatspräsidenten. Den Bürgerkrieg gegen die ›Roten‹ gewannen Mannerheims ›Weiße‹. Am 17.Juli 1919 wurde die Republik ausgerufen und die bis heute gültige Verfassung Finnlands verabschiedet.

Winterkriege

Zwischen den Weltkriegen schienen die Sowjetunion und Finnland zunächst miteinander versöhnt. Im Frieden von Dorpat wurde Finnlands Unabhängigkeit anerkannt; das Land erhielt sogar einen Zugang zum Eismeer (Petsamo). Doch gleich nach Ausbruch des Zweiten Weltkriegs sah Finnland sich wieder bedroht. Hitler und Stalin hatten Europa in Interessenssphären aufgeteilt: Finnland und die baltischen Staaten sollten der Sowjetunion zufallen. Finnland erklärte darauf Moskau den Krieg: Im legendär gewordenen ›Winterkrieg‹ 1939/40 verteidigte das Land, angeführt von Mannerheim, seine Souveränität.

Den Verlust großer Teile Kareliens und des Eismeerzugangs mußte Finnland dennoch hinnehmen (Moskauer Vertrag, 1940). Im ›Fortsetzungskrieg‹ (1941/44) kämpfte es deshalb mit Deutschland gegen Stalin weiter. Obwohl Finnland dabei nur die eigenen Kriegsziele verfolgte, stand es vor der Weltöffentlichkeit nun als Komplize Hitlers da. Gegen Kriegsende entschied Mannerheim sich deshalb dazu, die noch in Lappland stationierten deutschen Einheiten zu bekämpfen (Lapplandkrieg 1944/45). Der Besetzung durch die Alliierten konnte Finnland so entgehen; der Friede von Paris (1947) bestätigte dennoch das Moskauer Abkommen von 1940.

Kirchweihfest der Orthodoxen in Ilomantsi: Vor allem in Karelien sind die Verbindungen zur russischen Kultur unübersehbar.

KSZE und EU-Mitgliedschaft

Nach Kriegsende bemühte sich Finnland besonders unter Präsident Urho Kekkonen (1956/81) um ein gutnachbarschaftliches Verhältnis zur Sowjetunion. Als Mitglied von UNO und Nordischem Rat (1955) wahrte es in der Zeit des ›Kalten Krieges‹ dennoch strikte Neutralität. Ab 1973 war Helsinki deshalb Tagungsort der KSZE-Konferenzen, die den historischen Ausgleich zwischen Ost und West einleiteten. Am 1. Januar 1995 wurde Finnland Mitglied der Europäischen Union.

Marschall Mannerheim gilt als Gründer des modernen Finnlands. Im Winterkrieg gegen Stalin verteidigte er 1940 die junge Nation.

Die Esplanade ist Helsinkis gute Stube. In Cafés wie dem ›Kappeli‹ trinkt man seinen pechschwarzen Kaffee und blickt auf klassizistische Giebel und grüne Parkanlagen.

Mal mondän, mal bescheiden: Helsinki

Helsinki vereint große Gegensätze: Von drei Seiten vom Meer umschlungen, ist es die selbstbewußte, der Welt zugewandte ›Tochter der Ostsee‹, die Hauptstadt eines wohlhabenden Landes, mit Tempeln und Palästen für Gott, Geist und Kaiser. Und doch ist es, obwohl es mit seiner Größe vollkommen allein dasteht im Land, keine Metropole von Weltrang. Vielmehr bleibt Helsinki immer überschaubar, manchmal sogar auf eine liebenswerte Weise provinziell.

△ Klassisches Panorama: Südhafen und Dom

Der Havis-Amanda-Brunnen ▽

Frisch vom Land: Gemüse auf dem Helsinkier Marktplatz ▽

Für viele wird die erste Begegnung unvergeßlich bleiben: Nach langer oder – wenn sie in Stockholm begann – kürzerer Seereise tastet sich das Fährschiff zwischen Schären und vorgelagerten Inseln hindurch. Und während der Reisende noch damit beschäftigt ist, erneut über die gewaltige Schiffshöhe zu staunen, entsteigt eine Fata Morgana dem Blau des Meeres. Wie durch ein Vergrößerungsglas rückt die großartige Stadtkulisse heran: Helsinki, die ›Tochter der Ostsee‹, scheint geradezu aus dem Wasser herauszuwachsen. Ausflugs- und Segelboote schaukeln am Kai, mitten in der Stadt. Dahinter, von unzähligen Fensterreihen aufgelockert, erheben sich die Fassaden klassizistischer Prachtbauten, in denen die Großen des Landes residieren: der Staatspräsident, der Oberste Richter, Helsinkis Bürgermeister und der Botschafter Schwedens. Und über allem thront der majestätische Kuppelbau des Doms – kupfergrün und leuchtend weiß.

△ Sehen und gesehen werden an der Esplanade

Das Palais des Präsidenten ▽

Markt am Meer

Helsinki ist eine dem Meer zugewandte Stadt. Fast noch mit einem Bein im Wasser, steht man schon im Herzen der Stadt. Direkt an den Kaimauern des Südhafens liegt der Marktplatz – ›Kauppatori‹, wie er in der uns so abenteuerlich erscheinenden Sprache der Finnen heißt. Knallrot leuchten die Tomatenberge, leicht verblichen dagegen die Markisen, unter denen sich Möhrenbündel, Kartoffeln und Bohnen türmen. Touristen schlendern durch die Marktreihen und mischen sich unter die einkaufstaschenbeladenen Hauptstädter. Schutz bei Wind und Wetter bietet Käufern und Händlern die alte Markthalle mit ihren liebevoll dekorierten Ständen. 1989, zu ihrem hundertsten Geburtstag, wurde sie frisch aufpoliert.

Kein richtiger Markt ohne Marktsäule: Hier könnte man den ›Stein der Kaiserin‹ dafür halten, den Obelisken mit dem vergoldeten russischen Doppeladler an der Spitze, den man 1835 zu Ehren Alexandras, der Gattin des Zaren Nikolaus I., hier aufstellte, als diese Helsinki besuchte. Damit entbot die Stadt den russischen Herrschern ihren Dank für die

△ Die Statue Zar Alexanders II. am Senatsplatz

△ In Hafennähe: Jugendstilfassaden …

… und die Uspenski-Kathedrale ▽

△ *Die Aleksanterinkatu ist eine der Haupteinkaufsstraßen der Stadt*

Prachtvolle Ikonostase in der Uspenski-Kathedrale ▽

Förderung, die sie vom Zarenreich erfuhr. Erst die Russen machten Helsinki 1809 zur Hauptstadt Finnlands. Zuvor war es eine schwedische Stadt gewesen, die am Rand des Reiches lag, fern von Stockholm und nur halbherzig unterstützt.

Gleichwohl kehrte sich das Verhältnis zwischen Russen und Finnen um: Die Kriege des 20. Jahrhunderts, in denen Finnland fast zum Opfer sowjetischer Expansionsbestrebungen geworden wäre, sind nicht vergessen. So ist den Herzen der Helsinkier die bronzene Jungfrau ›Havis Amanda‹, die auf dem Markt dem Meer beziehungsweise ihrem Springbrunnen entsteigt, heute gewiß näher als der ›Stein der Kaiserin‹. 1908, als sie enthüllt wurde, empörte man sich zwar noch heftig über ihre Oberweite, doch ist der Zorn längst verraucht: Als Wahrzeichen der Hauptstadt ist diese ›Tochter der Ostsee‹ heute so anerkannt wie Kopenhagens Meerjungfrau.

Unterwegs nach Europa

Helsinkis Stadtkern ist überschaubar. Die wichtigen Sehenswürdigkeiten liegen in Spaziergangsnähe beieinander, dazwischen finden sich Kaffeehäuser, Restaurants und schicke Geschäfte. Die exklusivsten Schaufenster reihen sich westlich des Marktes aneinander: Die Nordseite der parkähnlichen ›Esplanade‹, eine Art Freiluftsalon mit Sitzplätzen für fußmüde Stadtwanderer, gilt als Helsinkis Nobelmeile.

Den Älteren erscheinen die teuren Luxusprodukte, die es hier zu erwerben gibt, wie unnützer Tand aus einer anderen Welt. Die jüngere Generation dagegen ist ungeduldig. Ihr ist Helsinki noch immer zu provinziell. Sie drängt, nicht erst seit dem EU-Beitritt, auf den Anschluß an die Popkultur des Westens. In Szene-Cafés wie dem ›Vanha‹ an der Esplanade zelebriert diese Generation ihre Vorstellung vom neuen Lebensgefühl.

Der Journalist Teppo Turkki schrieb dazu: ›Eigentlich, so könnte man meinen, driftet Finnlands Hauptstadt irgendwo in der Ostsee, unterwegs zum europäischen Festland, während gleichzeitig die Lebensart der Helsinkier dem übrigen Finnland immer unerträglicher erscheint.‹

Exotik unter Glas: Im Botanischen Garten der Universität ▽

△ ›Nationalromantisch‹: Leuchtenträger an der Fassade des Hauptbahnhofs

In den Granit gesprengt wurde 1969 die berühmte Felsenkirche ▽

△ Repräsentativ: das Nationaltheater, davor der Dichter Aleksis Kivi ... ... und das Parlament mit dem Präsidenten K.J. Ståhlberg ▽

Klassizistische Pracht

Die Grünanlagen der Esplanade – mit Musikpavillon, vielen Parkbänken und schattigen Wegen – zeigen sich durchaus volkstümlich. Vergleichsweise kühl wirkt dagegen der nur ein paar Straßenzüge entfernte Senatsplatz. Hier drückte Carl Ludvig Engel, ein Studienkollege Schinkels, der Hauptstadt im 19. Jahrhundert einen klassizistischen Stempel auf. Er entwarf ein monumentales Platzquadrat, gerahmt von Regierungspalais und Universitätsgebäuden und beherrscht von der gewaltigen Kuppel und den korinthischen Säulenvorhallen des Doms. Architekturliebhaber rühmen dieses Ensemble als eines der schönsten seiner Art auf der Welt. Anderen dagegen ist es zu streng. Doch sie wenden sich nicht ab, sondern erwecken den Platz auf ihre Art zum Leben: An warmen Sommertagen verwandeln sie die Freitreppe des Doms ganz einfach in einen der größten Picknickplätze der Stadt.
Zar Alexander II., Engels Auftraggeber und Förderer, wacht darüber tagein tagaus. In Bronze gegossen, steht er auf seinem Sockel vor dem Dom. Könnte er seinen Blick ein wenig Richtung Osten wenden, dann hätte er auch die Uspenski-Kathedrale mit ihren vergoldeten Zwiebeltürmen im Blick. Für ihn wäre es ein Stück Heimat: Die Kathedrale ist eines der größten orthodoxen Gotteshäuser außerhalb Rußlands.

Nationale Symbole

›Rautatieasema‹ – wer diesen Zungenbrecher beherrscht, weiß, wie er nach dem Weg zum Hauptbahnhof fragen muß. Auch hier Monumentalarchitektur – diesmal in ihrer finnischen Spielart: Der Bahnhof zeigt, was unter ›Nationalromantik‹, der hiesigen Variante des Jugendstils, zu verstehen ist. Mit dem Sprachstudium übrigens kann man am Bahnhof gleich fortfahren, wenn ein Direktzug aus Sankt Petersburg oder Moskau eintrifft. Dann ist an den Gleisen und auf dem Vorplatz ein wahrhaft babylonisches Gewirr von Sprachen und Dialekten zu hören. Wie ein ›slawischer Basar‹ erschien dem Schriftsteller Rolf Schneider der Hauptbahnhof in einem solchen Moment.

△ Das Olympiastadion von 1952

Paavo Nurmi, der ›Wunderläufer‹ ▽

△ Sommertag im Linnanmäki, Helsinkis größtem Vergnügungspark

△ Musik, in Stahl gegossen: das Sibelius-Monument

Ein beliebter Seglertreff ist der Yachtclub auf Valkosaari ▽

In Helsinki ist das Bahnhofsviertel, anders als in vielen westlichen Großstädten, nicht ins schmuddelige Milieu abgedriftet. Vielmehr hat man hier eine regelrechte Galerie von Institutionen angesiedelt, die allesamt nationale Symbole sind: Am Bahnhofsplatz stehen das Nationaltheater mit seiner schmucken Granitfassade und gegenüber das ›Ateneum‹, das beste Kunstmuseum im Lande. Und weiter nördlich an der Mannerheimintie, benannt nach dem Nationalhelden Marschall Mannerheim und mit dessen Reiterstatue geschmückt, beschließen National- und Stadtmuseum, der wuchtig-klobige Parlamentsbau und schließlich die Finlandia-Halle den Reigen.

Ost-westliche Begegnungen

Der marmorweiße, futuristische Finlandia-Komplex liegt wunderschön an einem See, der zu herrlichen Spaziergängen einlädt. Daß Alvar Aalto, der finnische Architektur- und Designgroßmeister, ihn entwarf, verleiht ihm besondere Bedeutung. Weltberühmt jedoch ist die Halle aus einem anderen Grund: 1975 diente sie als glanzvolle Kulisse für die Unterzeichnung der sogenannten Schlußakte von Helsinki. Nach langjährigen Verhandlungen im Rahmen der ›Konferenz für Sicherheit und Zusammenarbeit in Europa‹ (KSZE) wurde hier der vielleicht entscheidende Anstoß zur grundlegenden politischen Umstrukturierung Europas gegeben, der als ›Helsinki-Prozeß‹ in die Geschichte einging. Daß auch das berühmte Treffen zwischen George Bush und Michael Gorbatschow 1990 hier stattfand, war nur folgerichtig.

Raumschiffe aus Glas und Stahl

Für moderne Architektur haben die Finnen schon immer etwas übrig gehabt. Zu Fuß oder mit der Straßenbahnlinie ›3 T‹, die auch als mögliche Stadtrundfahrt dienen kann, sollte man eine der meistbesuchten Sehenswürdigkeiten der Stadt nicht auslassen: Temppeliaukio, die ›Felsenkirche‹. Der in den Fels gesprengte und unter Bodenniveau liegende Innenraum wird von aufgeschichteten Granitblöcken gerahmt und von einer großflächigen, flachen Kuppel überdacht. Böse

△ Ein Bootssteg unweit der Finlandia-Halle

In der Johannisnacht lodern die Mittsommerfeuer ▽

△ Restaurant auf Luoto Klippan, einer der Inseln in der Einfahrt zum Südhafen

△ Tarvaspää, das Atelier des Malers Akseli Gallén-Kallela in Espoo

Die Überreste der Festung Suomenlinna ▽

Zungen – die gibt es anfangs immer – behaupteten seinerzeit, daß hier ein Raumschiff gelandet sei. Ähnlichen Spott gab es für das Sibelius-Denkmal im gleichnamigen Park: Die Orgelpfeifen ähnelnde Stahlkonstruktion war den Finnen als Erinnerung an ihren berühmtesten Komponisten gar zu abstrakt – die daneben stehende Porträtbüste des Schöpfers der ›Finlandia-Symphonie‹ mußte deshalb als Zugabe folgen.

Inselsommer

Natürlich lockt auch das Meer. Vom 72 Meter hohen Olympiaturm kann man die Stadt und das Insel- und Buchtengewirr zunächst aus der Vogelperspektive betrachten – und dann heißt es: Leinen los! Selbst im Winter tuckern die Ausflugsboote zur Festungsinsel Suomenlinna hinüber, mitten in der Einfahrtsschneise des Hafenbeckens. Ein ›Weltkulturerbe‹, die alte schwedische Festung, ist das Ziel!

Im Sommer, wenn die Sonne nie unterzugehen scheint, ist Helsinkis Inselwelt am schönsten, zumal man dann Kultur – ein Open-air-Konzert im Rahmen der Festwochen, das Mittsommerfest oder eine Folkloredarbietung im Freilichtmuseum auf Seurasaari – mit dem beherzten Sprung von den blankgeschliffenen Felsen ins kühle Ostseenaß verbinden kann. Besonders badefreundlich ist die mit der Fähre vom Stadtteil Eira aus zu erreichende Insel Pihlajasaari, die sogar Sandstrände aufzuweisen hat. Familien mit Kindern wird man auch auf den Motorbooten zur Zooinsel Korkeasaari finden, wo die nordische Tierwelt nahezu komplett vertreten ist.

Lohnende Ausflugsziele auch an der Peripherie der Hauptstadt: In Espoo, der – längst mit Helsinki zusammengewachsenen – zweitgrößten Stadt Finnlands, zeigt die Gartenstadt Tapiola, wie Alvar Aalto in den fünfziger Jahren neue Maßstäbe in Sachen Wohnkultur entwickelte. Tarvaspää, ebenfalls in Espoo gelegen, ist das einstige Atelier des Malers Akseli Gallén-Kallela. Und in Vantaa, wo Helsinkis internationaler Flughafen liegt, begeistert das Wissenschaftszentrum Heureka mit Experimenten zum Nachmachen junge wie alte Besucher.

Tukholmank
Stockholmsg
Mannerheimintie
Laakson sairaala
Dals sjukhus
Nordenskiöldinkatu
Nordenskiöldsgatan
Eläintarha
Djurgården
Alppila
Alphyddan
Alppiharju
Åshöjden
Aleksis Kiven katu
Aleksis Kivis gata
Harju
Ås
Industrigatan
Meilahden sairaala
Mejlans sjukhus
Topeliuksenkatu
Jäähalli
Ishallen
Olympiastadion
Linnanmäki
Borgbacken
Helsinginkatu
Helsingegatan
Sörnäinen
Sörnäs
Paciuksenkatu
Linnankoskenk
Mäntymäki
Tallbacka
Kallio
Berghäll
Linjat
Linjerna
Sibeliuksen puisto
Sibeliusparken
Mechelininkatu
Taka-Töölö
Bortre Tölö
Töölönlahti
Tölöviken
Hakaniemi
Hagnäs
Siltasaari
Broholmen
Eläintarhanlahti
Djurgårdsviken
Hietaniemen hautausmaa
Sandudds kyrkogård
Lapinlahti
Lappviken
Taivalsaari
Edesholmen
Kaisaniemenlahti
Kaisaniemiviken
Kluuvi
Gloet
Kruununhaka
Kronohagen
Töölön tavara-asema
Tölö godsstation
Helsinki
Helsingfors
Arkadiankatu
Arkadiagatan
Etu-Töölö
Främre Tölö
Rautatientori
Järnvägstorget
Kamppi
Kampen
Aleksanterinkatu
Pohjoisesplanadi
Eteläesplanadi
Kaartinkaupunki
Katajanokanlaituri
Skatuddskajen
Unioninkatu
Mannerheimvägen
Bulevardi
Lönnrotinkatu
Fredrikinkatu
Uudenmaankatu
Tähtitornin vuori
Observatorieberget
Ullanlinna
Ulrikasborg
Eira
Kaivopuisto
Brunnsparken
Merikatu
Havsgatan
Hietalahti
Länsiväylä
Västerleden
Hernesaari
Sirpalesaari
Uunisaari
Ursiinin kallio
Liuskaluoto
Skiffergrundet
Vantaa
Vanda
Kalajärvi
Askisto
Myyrmäki
Malmi
Malm
Pakila
Baggböle
Kaunianen
Grankulla
Espoo
Esbo
Helsinki
Helsingfors
Munkkiniemi
Munksnäs
Otaniemi
Otnäs
Lehtisaari
Lövö
Kulosaari
Brändö
Herttoniemi
Hertonäs
Korkeasaari
Högholmen
Lauttasaari
Drumsö
Suomenlinna
Sveaborg
Laajasalo
Degerö
Santahamina
Sandhamn
Espoonlahti
Esboviken
Tapiola
Matinkylä
Mellunkylä
Mellungsby

Wo gibt es was?

Nadelnummer = Textnummer ❶ = Auskunft

Helsinki/Helsingfors

Finnlands Hauptstadt (gut 500 000 Ew.; ca. 800 000 im Einzugsgebiet) ist auch die mit Abstand größte Stadt des Landes. Vor allem dank des Hafens ist sie eines der Verkehrs- und Handelszentren des Ostseeraums und mit fast 50 Museen und 17 Theatern eine Kulturmetropole internationalen Zuschnitts.

Geschichte: Stadtgründung durch Gustav Vasa 1550 in Konkurrenz zu Reval (Tallinn), der damals einflußreichen livländischen Hauptstadt am Südufer des Finnischen Meerbusens. Doch erst mit der Eingliederung Finnlands in das russische Reich (1809) gewann Helsinki an Bedeutung: 1812 löste es Turku, das den Zaren zu weit westlich lag, als Hauptstadt des Großfürstentums Finnland ab.
Wiederaufbau der durch Krieg und Brand zerstörten Stadt durch den Berliner Architekten Carl Ludvig Engel und den Stadtplaner Johan Albrecht Ehrenström. 1917 Hauptstadt der Republik Finnland. Ab 1970 mehrfach Tagungsort internationaler Konferenzen (SALT-Gespräche, KSZE).

Markt und Senatsplatz ①–⑥

Zentraler Treffpunkt und Handelsplatz ist der zum Südhafen offene *Marktplatz* ① (Kauppatori; Markt mo–sa 6.30–14 Uhr, im Sommer auch 15.30–20 Uhr) mit der historischen Markthalle von 1889 (mo–do 8–17, fr 8–18, sa 8–15 Uhr). An der Nordseite das von Engel erbaute Stadthaus (1823/33), das Präsidentenpalais (P. Gransted, 1814/18), ursprünglich die Residenz eines reichen Kaufmanns und seit 1918 Sitz des Staatspräsidenten, der Oberste Gerichtshof (1883, F. A. Sjöström), Rathaus und Schwedische Botschaft.
Nach Westen schließt sich der zwischen nördlicher (Pohjoisesplanadi) und südlicher (Eteläesplanadi) Esplanade verlaufende *Esplanadi-Park* ② an. Noble Geschäfte und Cafés (u. a. das ›Kappeli‹ an der Nordseite und das ›Savoy‹ an der Südseite) säumen die Flaniermeile. In einer herrlichen Jugendstil-Bankhalle ist das *Fremdenverkehrsbüro* ③ untergebracht. In der Mitte des Parks eine Statue des Nationaldichters Runeberg; im Westen das *Schwedische Theater* ④ (1863/66, C. L. Engel). Gegenüber das bekannte Kaufhaus ›Stockmann‹ und die ›Akademische Buchhandlung‹.
Den besten Blick auf Markt und Stadtzentrum hat man von der Hafeninsel Katajanokka. An ihrer Westspitze steht die orthodoxe *Uspenski-Kathedrale* ⑤, ein roter Backsteinbau von 1868 im altrussischen Stil mit typischen goldenen Zwiebeltürmen. Der schmuckreiche Innenraum birgt kostbare Ikonen und Gemälde (Mai–Sept. di–fr 9.30–16, sa 9–12, so 12–15 Uhr; Okt. bis April di u. do 9–14, mi 12–18, fr 12–16, so 12–14 Uhr).
Über die lebhafte Einkaufsstraße Aleksanterinkatu kommt man zum *Senatsplatz* ⑥, dem eindrucksvollsten Zeugnis der Zusammenarbeit zwischen Ehrenström und Engel. In der Mitte J. Takanens Statue Alexanders II. (1894; Nebenfiguren von W. Runeberg); an der Nordseite der lutherische *Dom St. Nikolai*, Helsinkis Wahrzeichen (1830/52; Mai–Sept. mo–fr 9–19, sa/so 9–18 Uhr, Okt.–April tgl. 9–17 Uhr). Über der Mitte des klassizistischen Gotteshauses erhebt sich eine mächtige Kuppel; die nachträglich angefügten Ecktürme verleihen dem Bau einen russischen Einschlag. Das Regierungspalais (1818/22) an der Ostseite des Platzes war Engels erster großer Auftrag. Über vier Flügel (mit Innenhof) umfaßt es einen ganzen Straßenblock; die Fassade ist russisch geprägt. Imposant ist auch das Universitätsgebäude (1828/32) an der Platzwestseite. Der über korinthischen Säulen errichtete Lesesaal der dahinterliegenden Universitätsbibliothek gilt als Engels schönster Bau.

Bahnhofsviertel ⑦–⑩

Den *Hauptbahnhof* ⑦ schuf Eliel Saarinen 1906/14. Den Eingang des Granitbaus überwölbt ein hoher Rundbogen, flankiert von vier großen Lampenträgern (E. Wikström); darüber rechts ein 48 m hoher Uhrturm. Nördlich des Vorplatzes (Rautatientori), vorbei am Denkmal des Dichters Aleksis Kivi (1939, W. Aaltonen), gelangt man zum *Nationaltheater* ⑧ (1902, O. Tarjanne) und, auf dessen Rückseite, zum 1833 angelegten *Botanischen Garten* ⑨ der Universität (Mai–Aug. tgl. 7–20 Uhr, Sept.–April 7–18 Uhr).
An der Südseite des Bahnhofsplatzes ist in einem Neorenaissance-Bau (1884/87) das Staatliche *Kunstmuseum ›Ateneum‹* ⑩ (mit Museum für Gegenwartskunst) mit der wichtigsten Kunstsammlung des Landes untergebracht. Seine Bestände umfassen rund 15 000 Gemälde, Grafiken und Skulpturen finnischer Künstler (di u. fr 9–17, mi u. do 9–21, sa/so 11–17 Uhr).

Nördlich des Zentrums ⑪–⑯

Alvar Aaltos berühmtestes Bauwerk ist die 1967/75 als Kongreß-, Messe- und Konzertzentrum gebaute *Finlandia-Halle* ⑪ mit ihrer Schauseite aus weißem Carrara-Marmor (Führungen auf Anfrage). Gegenüber das von E. Saarinen im klassischen Stil der Nationalromantik errichtete *Nationalmuseum* ⑫ (Archäologie, Volkskunde, sakrale Kunst; Juni–Aug. di 11–20, mi–so 11–17 Uhr, Sept.–Mai di 11–20, mi–so 11 bis 16 Uhr) und das in einer ehemaligen Privatvilla untergebrachte Stadtmuseum (mi–so 11–17 Uhr). Dem architektonischen Expressionismus ist die 1969 in den Granit gesprengte *Felsenkirche* ⑬ (Temppeliaukio; Timo u. Tuomo Suomalainen) verpflichtet; sie wird wegen ihrer hervorragenden Akustik oft für Konzerte genutzt (mo, di, do, fr 10–20, mi 10–19, sa 10–18 Uhr). Vor dem *Olympiastadion* ⑭ (Sommerspiele 1952) steht W. Aaltonens Statue des ›Laufwunders‹ Paavo Nurmi (1897–1973). Vom Olympiaturm (72 m) hat man einen herrlichen Blick auf die Stadt (mo–fr 9–20, sa/so 9–18 Uhr); das Sportmuseum dokumentiert finnische Sportgeschichte (mo bis fr 11–17, sa/so 12–16 Uhr). Im Olympiapark ein hübscher Wintergarten (mo–sa 12–15, so 11–15 Uhr); weiter im Norden der Vergnügungspark *Linnanmäki* ⑮ (1.5. bis 18.6. u. 14.8.–3.9. tgl. 15–21 Uhr, 19.6.–13.8. tgl. 13–22 Uhr). Im Westen der Stadt schließlich der *Sibeliuspark* ⑯ mit Eila Hiltunens eigenwilligem Monument (1967) für den Komponisten.

Inseln und Ausflüge ⑰–㉒

Die auf der Insel *Suomenlinna* ⑰ in ihren Grundmauern erhaltenen Festungsanlagen (1748 als ›Sveaborg‹ begonnen; 1809 bis 1917 russischer Garnisonsstützpunkt) sind Unesco-›Weltkulturerbe‹. Museen, Badeplätze und schöne Spazierwege laden zum Besuch (Boote ab Marktplatz). Das Freilichtmuseum *Seurasaari* ⑱ (5 km nordwestl., Boote ab Marktplatz oder Bus 24; 1.5.–15.9. 11.30–17 Uhr, im Juli um 12 Uhr Führungen auf deutsch) zeigt Holzgebäude in der bäuerlichen Tradition. Die Zooinsel *Korkeasaari* ⑲ (tgl. 10–20 Uhr) erreicht man per Boot ab Hakaniemenranta oder über eine Fußgängerbrücke.

Umgebung: Wissenschaftszentrum ›Heureka‹ ⑳ in *Vantaa* (15 km nördl., Bahnhof Tikkurila) mit Experimenten zum Anfassen und spannenden Multivisionsprogrammen (tgl. 10–18, do bis 20 Uhr). In der Nachbarstadt *Espoo* (180 000 Ew.) *Tarvaspää* ㉑ (8 km westl., Bus 33, Straßenbahn 4), das Atelier des Malers Akseli Gallén-Kallela (1865–1931; 15.5.–31.8. mo–do 10–20, fr–so 10–17 Uhr, 1.9.–14.5. di–sa 10–16, so 10–17 Uhr) und die Mustersiedlung und ›Gartenstadt‹ *Tapiola* ㉒ (14 km westl.).

Veranstaltungen: Kinderfestspiele (März); ›April Jazz‹ in Espoo (Ende April); Mittsommernachtsfeuer auf Seurasaari (21. Juni); Helsinki-Festwochen (Oper, Theater, Rock, Jazz; Aug.); Strömlingsmarkt (Okt.).

Baden: Strände auf der Insel Pihlajasaari (Boote ab Stadtteil Eira; Umkleidekabinen vorhanden); großes Schwimmbad auf dem Olympiagelände (Sommer mo–sa 7–20, so 9–20 Uhr).

Sauna: Rauchsauna im Stadtteil Lauttasaari direkt am Meer (Anmeldung unter Tel. 09/678677 oder 09/672467).

Tip: Die Helsinki Card (1, 2 oder 3 Tage; erhältlich beim Verkehrsamt) bietet freien Zutritt zu rund 50 Sehenswürdigkeiten und Museen.

❶ Fremdenverkehrsamt Helsinki, Pohjoisesplanadi 19, FIN-00100 Helsinki.

Maßstab 1:15 000 — 0 200 400 600 800 m

Im 18. und 19. Jahrhundert entstanden die hölzernen Speicherhäuser am Fluß in Porvoo. Damals wie heute zog die idyllische Hafenstadt besonders die Künstler an.

Von Hanko nach Kotka: beschaulicher Süden

An Finnlands ausgefranster Südküste hört man viel Angler- und Seglerlatein. Die einmalige Welt der Schären und die ungezählten Buchten und Flußmündungen zwischen Hanko und Kotka bieten traumhafte Bedingungen für Wassersportler. Und man hört viel Schwedisch an dieser Küste, aber auch Deutsch, Russisch und Englisch: Dort, wo im Mittelalter die Königsstraße von Oslo nach Nowgorod verlief, ist man an Fremde gewöhnt und heißt sie gern willkommen.

△ Sommertage in Tammisaari: das Restaurant ›Knipan‹ direkt über dem Wasser ... ... und der Sportboothafen im Zentrum der Stadt ▽

Schon im 16. Jahrhundert aufgegeben wurde die Burg Raasepori bei Tammisaari ▽

△ Vor Hanko breitet sich der Schärengarten aus

Wer es sich leisten kann, besitzt hier seine Villa mit Meerblick ▽

Hanko ist Finnlands südlichste Stadt – im geographischen wie im übertragenen Sinn. Denn Hangö, wie die Schweden es nennen, ist ein klassischer Platz an der Sonne, mit langen Sandstränden, angenehmem Klima und entspannter Ferienatmosphäre. Schon der russische Adel begab sich zur Kur und zum Glücksspiel hierher. Die großstadtmüden Hauptstädter und – meist schwedischen – Freizeit-Skipper von heute folgten ihnen. Hanko lädt zum Verweilen: Bei Ausflugsfahrten ins Hinterland, zum Beispiel mit Ziel Tammisaari, der ›Stadt der Eichen‹, durchstreift man weite Apfelgärten und herausgeputzte Eisenhüttendörfer, besucht Gutshöfe und Feldsteinkirchen oder die Ateliersvillen von einst und jetzt.

Steinerne Visitenkarten

Doch auch als Hafen und Handelsplatz hat Hanko eine lange Tradition. Schon im Mittelalter galoppierten hier Kuriere mit eiligen Depeschen über die von Oslo über Stockholm nach Helsinki führende Königsstraße. Im 18. Jahrhundert wurde die Halbinsel befestigt und im 19. Jahrhundert Hanko zum Auswandererhafen: Zwischen 1880 und 1930 bestiegen über 300 000 Finnen in Hanko ihr Schiff nach Nordamerika. Von den bereits im Krimkrieg wieder zerstörten Bastionen und den Auswanderern berichten die Museen. Das interessanteste ›Museum‹ aber liegt draußen in den Schären: Dort illustrieren die ›steinernen Gästebücher‹ von Hauensuoli, daß Finnlands südlichster Zipfel den Seefahrern schon lange vertraut ist. In über 600 Felszeichnungen hinterließen sie dort zwischen dem 15. und 18. Jahrhundert ihre ›Visitenkarten‹.

Porvoo: Geschichte im Zeitraffer

Auch in Porvoo, wörtlich ›Burg am Fluß‹, hat die Beschaulichkeit längst Einzug gehalten. Dabei hat die kleine Altstadt mit ihren herrlichen, dem Fluß zugewandten Holzhäusern und der mächtigen gotischen Domkirche durchaus bewegte Zeiten hinter sich. Dänische Söldner brannten sie 1508 nieder, und 1550 verfügte Gustav Vasa, daß alle Bewohner in das neugegründete Helsinki umzuziehen hätten. 1708,

△ Glasskulpturen: eine Galerie in Fiskars

Runeberg-Statue in Porvoo ▽

△ Hier residierte die Verwaltung der längst stillgelegten Eisenhütte von Fiskars

△ Holzbauten in der Altstadt von Porvoo ...

... und am Fluß, beherrscht von der Giebelfront des Doms ▽

gerade wiederbesiedelt, wurde die Stadt von russischen Truppen überfallen, 1760 wütete ein Großfeuer – und doch war das letzte Wort noch nicht gesprochen: 1809, nachdem Finnland russisch geworden war, trat in Porvoo der erste finnische Reichstag zusammen, um dem Zaren die Treue zu schwören – gegen Zusicherung einer begrenzten Autonomie. Porvoo, heute ein Postkartenidyll, zeigt somit die Geschichte Finnlands im Zeitraffer. Sind die Gefahren gebannt? Es sind andere: Die Verwüstungen der Vergangenheit scheinen jedenfalls gering im Vergleich zu möglichen Katastrophen im vorgelagerten Sköldvik, Finnlands Ölhafen Nummer eins. Umweltschützer warnen seit langem vor Tankerunfällen mit unabsehbaren Folgen für die einzigartige Schärenwelt.

Runeberg und Lönnrot

Im langen Kampf Finnlands um Unabhängigkeit ist den Dichtern eine besondere Rolle zuteil geworden. Einer der bedeutendsten, der 1804 geborene Johan Ludvig Runeberg, lebte lange in Porvoo. Er schrieb volkstümliche Erzählungen, Natur- und Liebesgedichte – alles in schwedischer Sprache! Und doch wurde er zum Urheber des Textes der finnischen Nationalhymne.

Dank seiner Volksnähe wird Runeberg heute in einem Atemzug mit Elias Lönnrot genannt, dem Verfasser der über 22 000 Verse umfassenden – und großteils in finnischer Sprache geschriebenen – ›Kalevala‹. Das grandiose Werk wird als Nationalepos bezeichnet. Doch nicht säbelrasselnde Heldenverehrung bietet die ›Kalevala‹, sondern Einblicke in eine mythische, vorchristliche Welt, in der sich Natur und Mensch noch im Einklang befanden. Als solches ist sie in der Tat ein Symbol finnischer Identität – und nationale Dichtung.

Die Angelhütte des Zaren

Kotka ist eine Stadt des Meeres – nebenan in Mussalo liegt Finnlands größter Im- und Exporthafen – und der Flüsse. Als solche bietet sie Anglern beste Voraussetzungen: In Scharen zieht die Region die Sportfischer an. Der eine oder andere mag sich wie Zar Alexander III. fühlen, der sich nördlich der Stadt,

△ Mussalo bei Kotka ist der größte Holzausfuhrhafen Finnlands

△ Städtisches Naherholungsgebiet: der Wasserpark von Kotka

Geduld ist Trumpf: Fast jeder dritte Finne ist Hobby-Angler ▽

△ Begehrte Beute: die Lachsforelle

Sommerwohnung: das Tipi am See ▽

an den Stromschnellen von Langinkoski, sein eigenes Paradies schuf. In bewußt einfacher Bauweise ließ er sich dort ein Blockhaus bauen, um sich in aller Abgeschiedenheit seiner Angelleidenschaft hingeben zu können. Noch heute springen im Fluß neben der ›Lodge‹ des Zaren die Lachse.

Nationalsport Angeln

Überhaupt, die Angelleidenschaft der Finnen: Nur Skilaufen und Saunieren sind als Volkshobbys ähnlich beliebt. Laut Statistik zählen sich 1,5 Millionen Finnen – übrigens fast ausschließlich Männer – zu den Petrijüngern: knapp ein Drittel der Bevölkerung! Über die Wissenschaft des Angelns kann man viel von ihnen lernen – über richtiges Gerät zum Beispiel oder über den perfekten Zeitpunkt. Echten Wildlachs etwa findet man hauptsächlich in den Flüssen Lapplands, und gerade der Hochsommer ist nicht unbedingt die beste Angelzeit.
Der begehrte Hecht – seine mit reichlich Butter und Gewürzen gebratenen Filets sind delikat! – beißt im Frühjahr nach dem Laichen und im Herbst am besten. Der im Juni noch geschützte Zander dagegen ist im Sommer die häufigste Beute beim Fliegenfischen. Eingefleischte Angler schwören auf die Zeit der Abenddämmerung, die ja selbst in Südfinnland noch bis Mitternacht reicht.

Mit Zelt, Kind und Kegel

Auch eine Art Volkssport: das Campen. Nicht nur ausländische Besucher, auch viele Finnen selbst ziehen im Sommer mit Zelt oder Wohnmobil hinaus in die Natur. Das Angebot an Stellplätzen reicht von der Wiese mit fließend kaltem Wasser und Plumpsklo bis zum Großplatz mit Disco, Kinderparadies und FKK-Anlage. Ähnlich die Unterkünfte: Vom plastiküberspannten Baumwollzelt bis zum Wohnmobil mit Satellitenschüssel findet jeder sein individuelles Freizeitdomizil.
Auffallend häufig trifft man auf finnischen Zeltplätzen auf die oft farbenprächtig gekleideten Angehörigen der Sinti und Roma. Leider ist die Haltung dieser Volksgruppe gegenüber auch in Finnland noch teilweise von Vorurteilen geprägt.

Hämeenlinna
Hämeen linna
Hollolan kk
Lahti
Heinola
Nastola
Jaala
Kuusankoski
Valkeala
Kouvola
Orimattila
Mäntsälä
Forssa
Loima
Salo
Lohja
Vihti
Nurmijärvi
Tuusula
Kerava
Järvenpää
Hyvinkää
Riihimäki
Sibbo
Sipoo
Porvoo
Borgå
Lovisa
Loviisa
Kotka
Vehkalahti
Hamina
VANTAA
VANDA
ESPOO
ESBO
Seurasaari
Suomenlinna Sveaborg
HELSINKI
HELSINGFORS
Kirkkonummi
Kyrkslätt
Virkkala
Virkby
Karis
Karjaa
Ekenäs
Tammisaari
Hangö
Hanko
Somero
U U D E N M A A N L Ä Ä N I
Suomenlahti
Finska viken
O. GOGLAND
Itäisen Suomenlahden kansallispuisto
Östra Finska vikens nationalpark
Ekenäs skärgårds nationalpark
Tammisaaren saariston kansallispuisto
Heureka
Ruuki
Lasimuseo
Panssarimuseo
Puuhamaa
Lomakeskus
Vanhakirkko
Aulanko
72
96
52

Wo gibt es was?

Fähnchennummer = Textnummer ❶ = Auskunft

Hanko/Hangö ①

Malerisch gelegene Hafenstadt (12 000 Ew.) am südlichsten Punkt des Festlandes. Etwa die Hälfte der Einwohner spricht Schwedisch als Muttersprache.

Geschichte: Der günstigen Lage und dem ganzjährig eisfrei zu haltenden Hafen ist die sehr frühe Besiedlung zu verdanken: Schon um 1270 existierte eine Niederlassung; erst seit 1874 jedoch ist Hanko offiziell Stadt. Die von den Schweden errichteten Festungen wurden im Krimkrieg 1854 zerstört. Nach dem Winterkrieg ab 1940 Zwangsverpachtung für 30 Jahre an die Sowjetunion. Rückgabe an Finnland nach dem ›Fortsetzungskrieg‹ im Frieden von Paris 1947.

Sehenswert: Eine herrliche Aussicht auf Stadt und Schärenküste bietet der 50 m hohe Wasserturm auf der Anhöhe Vartiovuori (Sommer 11–19, sonst 11–15 Uhr). Neben ihm die neugotische, von Jacob Ahrenberg mit Backsteinornamenten verzierte Lutherische Kirche (tgl. 11–15, 17 bis 20 Uhr). In den Türmen der Orthodoxen Kirche (1896) schöne Ikonenmosaike der finnischen Künstlerin Ina Colliander (tgl. 13–18 Uhr).

Auf den vorgelagerten Inseln (Hauensuoli, wörtlich ›Hechtdarm‹; im Sommer Wasserbusse) kann man in den Fels geritzte Zahlen, Zeichnungen, Wappen u. ä. besichtigen. Diese ›steinernen Gästebücher‹ (15.–18. Jh.) hinterließen Matrosen, deren Schiffe wegen ungünstiger Winde nicht auslaufen konnten.

Strände: Besonders stolz ist Hanko auf seine insgesamt 15 km langen Sandstrände. Im 19. Jh. verbrachten vor allem reiche Bürger aus St. Petersburg und dem Baltikum hier ihre Ferien; heute kommen die meisten Badegäste aus dem Umland und aus Helsinki.

Tip: Auf einer kleinen Insel vor Hanko liegt Neljän Tuulen Tupa (›Haus der vier Winde‹), das ehemalige Sommerhaus Marschall Mannerheims. Es dient heute als romantisches Sommercafé mit Meerblick.

❶ Tourist Information, Bulevardi 10, FIN-10901 Hanko.

Tammisaari/Ekenäs ②

Beschauliche Gartenstadt mit vielen Grünanlagen. Für das Stadtbild typisch ist, neben Linden, der in Finnland andernorts kaum zu findende Eichenbaum (finn. ›tammi‹). Er schmückt auch das Wappen der Stadt. Das kleine Altstadtviertel (Stadtgründung 1546 durch Gustav Vasa) mit seiner im 17. Jh. begonnenen Steinkirche liegt auf der Landzunge Barcken. Dort sind auch einige hübsche Holzhauszeilen zu sehen.

Umgebung: Bei *Snappertuna* (16 km östl.) die trutzige, um 1550 aufgegebene Burg Raasepori (15. Jh.). In *Fagervik* (28 km östl.) und *Fiskars* (24 km nördl.) gibt es ehemalige Eisenhüttenwerke.

Tip: Die Umgebung von Tammisaari eignet sich hervorragend für Radtouren.

❶ Tourist Information, Box 58, FIN-10601 Tammisaari.

Porvoo/Borgå ③

Die nach Turku zweitälteste Stadt Finnlands (20 000 Ew.) ist trotz Industrieansiedlungen im Umkreis (Ölhafen Sköldvik) eine idyllische Kleinstadt geblieben. Den Spaziergang durch die Altstadt mit ihren Bürgerhäusern aus dem 18. Jh. und den hölzernen Speicherhäusern direkt am Fluß sollte man nicht verpassen.

Geschichte: Bereits 1346 erste Verleihung der Stadtrechte an die aus Burg und Handelsplatz hervorgegangene Siedlung von König Magnus Eriksson. Eine zweite Verleihung erfolgte 1579, nach mehrfachen Zerstörungen durch Russen und Dänen. 1723 löste Porvoo Vyborg als Bischofssitz ab. 1760 gewaltiger Stadtbrand. Wiederaufbau unter Leitung des Gotländers Gotthard Flensborg; dabei entstanden jene Steinbauten, die heute das Stadtbild prägen. 1809 bestätigte Alexander I. in Porvoo anläßlich des ersten finnischen Reichstags die finnische Autonomie. 1830 beginnender wirtschaftlicher Aufstieg mit der Verleihung der Stapelrechte; besonders die Handelsschiffahrt profitierte davon.

Sehenswert: Über der Stadt thront der gotische Dom (13.–15. Jh.), dessen aufwendigen, später oft imitierten roten Backsteinschmuck am weißen Giebel der Deutsche Carsten Nybuhr entwarf. Das Innere hat stark unter Kriegszerstörungen gelitten; erhalten sind aber eine grün-goldene Rokokokanzel, die Orgelfassade (18. Jh.) und eine Bronzestatue Alexanders I. von Walter Runeberg (Mai–Sept. mo–fr 10–19, sa 10–14, so 14–17 Uhr; Okt.–April di–sa 10–14, so 14–16 Uhr). Dessen Vater, der Dichter Johan Ludvig Runeberg, war 20 Jahre Lehrer in Porvoo; sein Wohnhaus ist heute Museum (Sommer di–sa 9.30–17, so 10.30–17 Uhr). Das klassizistische Rathaus (1764) ist heute Stadtmuseum (Sommer tgl. 11–16, Winter 12–15 Uhr).

❶ Tourist Information, Rukankatu 20, FIN-06100 Porvoo.

Loviisa/Lovisa ④

Romantisches, nach der schwedischen Königin Lovisa Ulrica benanntes Städtchen auf halber Strecke zwischen Porvoo und Kotka. Ursprünglich schwedische Grenzfeste, nachdem das östlich gelegene Hamina an die Russen gefallen war. Zeugen jener Tage sind die Seefestung Svartholm (im Sommer Bootsverbindungen) und die gut erhaltenen Bastionen ›Ungern‹ und ›Rosen‹ (im Sommer Theateraufführungen). Neugotisches Stadtzentrum mit Rathaus, großer Stadtkirche (1865) und Museum im Kommandantenhaus (Sommer di–so 12 bis 15 Uhr, Winter nur so). 10 km außerhalb steht Finnlands erstes Atomkraftwerk.

Einkaufen: Im Zentrum mehrere Boutiquen mit gutem Angebot an Souvenirs aus Glas, Porzellan oder Keramik.

❶ Tourist Information, Mannerheiminkatu 4, FIN-07900 Loviisa.

Kotka ⑤

Kotka (= ›Adler‹ nach den allerdings nur noch selten zu sehenden Seeadlern) verdankt seine Gründung dem Lachsreichtum im Mündungsgebiet des Kymijoki-Flusses. Heute Finnlands größter Exporthafen für Holz, Papier und Zelluloseprodukte.

Geschichte: Erste Handelsniederlassungen im Einzugsbereich des damals mächtigen Reval im späten Mittelalter. Nach der Übernahme durch die Russen 1743 wurden auf den vorgelagerten Inseln Befestigungen gebaut; sie wurden von englischen Truppen 1855 im Krimkrieg zerstört.

Sehenswert: Die orthodoxe Nikolaikirche, 1795 von einem Franzosen im klassizistischen Stil und ohne die sonst üblichen Zwiebeltürme errichtet, ist das älteste Gebäude der Stadt. Im Eingangsbereich mächtige Säulen; innen ein von Zarin Katharina II. gestifteter großer Kristalleuchter (di–do 12–15 Uhr). Im Stadtkern einige Monumentalbauten des 20. Jh., darunter das Gewerkschaftshaus von Eliel Saarinen – u.a. fand hier ein internationaler Kongreß statt, an dem auch Rosa Luxemburg und Karl Liebknecht teilnahmen – sowie Erriki Huttunens Rathaus und Pauli Blomstedts Sparkassengebäude (beide 1935).

An einer Stromschnelle außerhalb der Stadt liegt Langinkoski, die noch original eingerichtete Fischerhütte Alexanders III. (Mai–Aug. tgl. 10–19 Uhr).

Tip: Ein schöner Bootsausflug ist die Tour zur Insel Varissaari (Festungsruinen, Badeplätze, Restaurant; stündlich Wassertaxis).

Umgebung: *Hamina* (20 km östl.) mit im frühen 18. Jh. von den Schweden angelegter ringförmiger Wallanlage. Im Zentrum das Rathaus, daneben die schöne lutherische Kirche (klassizistisch) von 1838.

❶ Tourist Information, Keskuskatu 7, FIN-48100 Kotka.

Kouvola ⑥

1875 als Holzverladestation an der Eisenbahnlinie St. Petersburg–Riihimäki gegründet. Heute, nach vollständiger Zerstörung im Zweiten Weltkrieg, eine moderne Satellitenstadt. Eine Attraktion für Familien mit Kindern ist der Vergnügungspark Tykkimäki (Sommer di–so 12–21 Uhr).

Sport: Wander- und Kanutouren im Gebiet *Orilampi/Hillosensalmi* (ca. 40 km nördl.).

❶ Tourist Information, Box 85, FIN-45100 Kouvola.

Maßstab 1:800.000 0 10 20 30 40km

Auf den Ålands war die Schiffahrt schon immer der Haupterwerbszweig. Nicht nur das Museumsschiff ›Pommern‹, auch die vielen Privatjachten im Hafen von Mariehamn zeugen davon.

Schwedisch-Finnland: die Ålands und Turku

Eine der außergewöhnlichsten Landschaften Skandinaviens liegt im Meer: Der Åland-Archipel, 6500 Inseln und Inselchen groß, ist der Inbegriff des von eiszeitlichen Gletschern geformten Schärengartens. Besonderheiten auch in der Politik: Während in Turku, der gegenüber auf dem Festland liegenden Hafenstadt, schwedische und finnische Kultur nebeneinander existieren, läßt man auf den Inseln keinen Zweifel aufkommen: Trotz finnischer Pässe schlagen åländische Herzen eindeutig schwedisch.

△ Markttag in Turku, im Hintergrund die orthodoxe Kirche

△ Haube, Baumwollkleid und Schürze: traditionelle Turkuer Tracht

Im Handwerksmuseum von Turku: Grassoden deckten die Häuser, als es noch keine Ziegel gab ▽

Naantali ist einer der idyllischsten Plätze an der Küste ▽

△ Turunlinna, die mittelalterliche Burg von Turku

Eine feine Adresse: der Jachtclub von Naantali ▽

Ist dies wirklich bereits Finnland oder noch Schweden? Diese Frage hat sich schon mancher gestellt, der in Turku das Land der Tausend Seen erstmals betrat. Zweisprachige Straßenschilder, schwedische Zeitungen und auch im Hotelfernsehen Abendunterhaltung auf Schwedisch. Wer Einheimische hierzu befragt, wird vielleicht empört zurechtgewiesen, daß hier ›Varsinais Suomi‹ liege, das ›eigentliche Finnland‹. Oder aber, je nach Gesprächspartner, daß diese Stadt nicht Turku, sondern Åbo heiße, mit offenem ›O‹ wie Åland, der Name der Inseln drüben – Richtung Schweden.

Man spürt es: Turku war über fünfhundert Jahre Finnlands bedeutendste Stadt – zu einer Zeit allerdings, als das Land schwedisch war. Heute sind zwar nur noch sechs Prozent aller finnischen Staatsbürger Schweden – ihre Minderheitenrechte jedoch verteidigen sie vor allem hier im Westen vehement.

Transithafen Turku

Fährterminal Turku: In nie abreißender Folge spucken die Schiffe Urlauber, Tagesreisende und Geschäftsleute, Lastwagen und Campingbusse aus. Gleich am Hafen, an der Mündung des Aurajoki-Flusses, begrüßt sie die Turkuer Burg. Ein altes Gemäuer: 1280, rund 60 Jahre nach der ersten urkundlichen Erwähnung der Stadt, begann man mit ihrem Bau. Im Zweiten Weltkrieg trafen Bomben die Burg. Wer sich die Zeit nimmt, das längst als Museum wiederhergerichtete Innere zu besuchen, wird wieder einmal staunen, wozu Restauratoren in der Lage sind. Ein Erlebnis, das gerade im Transithafen Turku allzuviele Reisende verpassen, weil sie alle nur das eine im Sinn haben: Losfahren!

Auf den zweiten Blick

Dabei kann man sich in diese Stadt verlieben – auf den zweiten Blick. Zugegeben: Die Stadtarchitektur erinnert an ein Konglomerat aus Fehlern der fünfziger Jahre und zweifelhafter Post- oder Ultramoderne, meist in Form von Tempeln fürs ›Shopping‹. Doch bei genauem Hinsehen offenbart Turku sogar Liebreiz. Den Fluß, die zentrale Achse der schachbrettartig ange-

△ Auf dem Weg von Stockholm nach Turku legen viele Fährschiffe einen Zwischenstopp in Mariehamn ein

△ Typisches Åland-Souvenir: Töpferware

Ålands Ringen um die Autonomie: szenisches Wandbild im Unabhängigkeitsgebäude ▽

△ Räucherfisch, direkt vom Blech, kauft man in Eckerö

In Schweden wie in Finnland Tradition: der Mittsommerbaum ▽

legten Stadt, säumen großzügige Parks und Grünflächen, und an der Martinsbrücke, wo die Boote zur Schärenrundfahrt starten, liegen zwei prachtvolle alte Dreimaster vor Anker.

Relikte einer verlorenen Zeit? Als älteste Stadt Finnlands darf Turku auf seine Geschichte stolz sein. Viele große Namen – Per Brahe, Jean Sibelius und Aleksis Kivi, aber auch Wäinö Aaltonen und Paavo Nurmi – sind mit der Stadt verbunden und werden mit Museen oder Denkmälern geehrt. Zusammen mit dem Dom, dem bedeutendsten mittelalterlichen Sakralbau des Landes, bieten sie dem Besucher ein stattliches Besichtigungsprogramm. Und wer im Juli nach Turku kommt, kann auch den Helden von heute zujubeln: Dann ist ›Ruisrock‹ auf der Halbinsel Ruissalo – das größte Rockfestival Finnlands!

Holzhausidyll an den Schären

Von der Stadt aufs Land: Naantali ist ein rundum von Seen gerahmtes Sommeridyll mit schmukken Holzhäusern und blühenden Gärten. Von den Schären vor der Stadt schwärmen die Segler und von der ›Muminwelt‹, wo Tove Janssons flußpferdähnliche Phantasietiere ihre Späße treiben, die Kinder.

Die Gründer von Naantali, vor über 550 Jahren, waren katholische Klosterdamen. Die Reformation nahm ihnen Hab und Gut, den Ort gaben sie dennoch nicht auf. Denn als Jahrhunderte später eine Heilquelle mit Wirkung gegen Skorbut und Gicht entdeckt wurde, waren genügend Bewohner zur Stelle, um Badebetrieb und Fremdenverkehr anzukurbeln. Sogar der Staatspräsident kam: 1922 verlegte er seinen Sommersitz nach Naantali; gelegentlich versammelt er noch heute dort sein komplettes Kabinett.

›O‹ wie Åland

›Finnischer Paß, schwedisches Herz‹: Auf Åland gibt es andere Regeln als drüben auf dem Festland. Die Finnmark, die finnische Zeit (OEZ), auch finnische Autozulassungen gelten hier zwar – doch gesprochen und vor allem gefühlt wird nur schwedisch. Die Häuser sind schwedisch- (falu-)rot und die

△ Schwedisch-rot wie fast alles auf Åland: Windmühle im Freilichtmuseum Jan Karlsgården

Ideal zum Faulenzen: Käringsund-Badestrand bei Eckerö ▽

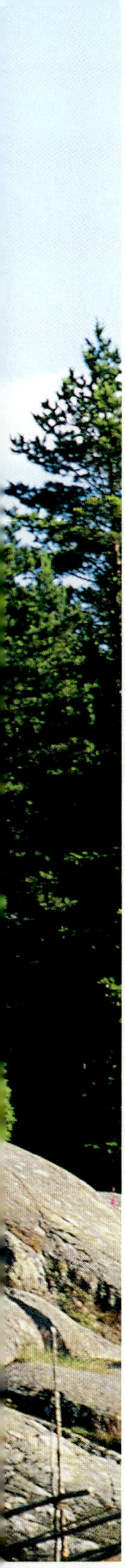

△ Typisch Åland sind die kleinen Feldsteinkirchen, hier in Kyrkoby

△ Klassisches Ferienidyll: Holzvilla in Hammarland ... ... und ein Platz an der Sonne in Mariehamn ▽

Straßenschilder einsprachig – schwedisch natürlich!

Finnisch wider Willen

Begonnen hat alles im Jahr 1809. Kriegsbedingt mußte Schweden die Provinz Finnland mitsamt den Åland-Inseln an Rußland abtreten. 1917 wurde Finnland unabhängig – und die Åländer gegen ihren Willen über Nacht Finnen. 1921 riefen sie den Völkerbund an, doch die Wiedervereinigung mit Schweden wurde abgelehnt.
So einigte man sich auf einen Kompromiß: Åland erhielt ein Autonomiestatut, das dem Archipel in Erziehungs-, Gesundheits-, Kultur- und Verkehrsfragen Selbstverwaltung zugestand. Außerdem wurden die Inseln entmilitarisiert. Dies alles sowie das ›Heimatrecht‹, eine Art lokaler Staatsangehörigkeit, und schließlich die eigene Flagge, ein gelbumrandetes rotes Kreuz auf blauem Grund, sind den Åländern bis heute so wichtig wie Leib und Leben.

Labyrinth aus Land und Wasser

Åland, nach der Anzahl der Inseln Europas größter Archipel, ist eine Welt für sich: Ein Gewirr aus zerklüfteten Landfetzen und schmalen Wasserzungen, stillen Sunden, und rauhem Urgestein, blühenden Feldern und grünen Wäldern. Darüber das hohe Blau des Himmels und das tintenfarbene Meer – ein Labyrinth aus Land und Wasser.
Wie ist diese Welt entstanden? Während der letzten Eiszeit lasteten bis zu 3000 Meter dicke Gletscher auf dem Gebiet. Als sie sich zurückzogen, hinterließen sie glattgeschmirgelte Buckel und Schluchten aus Granit und Gneis, bedeckt vom Schmelzwasser der Gletscher, das den Meeresspiegel auf bis zu 175 Meter über dem heutigen Niveau ansteigen ließ. Allmählich zog sich das Meer zurück, und irgendwann ragten die heutigen Anhöhen Orrdals Klint und Långbergsöda aus dem Meer heraus; vor rund 6500 Jahren konnten sich dort die ersten Menschen niederlassen. Der Meeresspiegel senkt sich auch heute noch weiter ab, wenn auch nur um einen halben Meter im Verlauf von hundert Jahren. Bis zum Auftauchen einer Landbrücke zwischen Finnland

△ An Bord der ›Sedov‹ nach der Regatta ›Sail Mariehamn‹

Sportboote im Jachthafen ▽

△ Nostalgisches Gerät im Seefahrtsmuseum

△ Im Westhafen von Mariehamn: das Museumsschiff ›Pommern‹ ... ... und zwei kleinere Nachbauten alter Segelschiffe ▽

und Schweden wird es also noch eine Weile dauern.

Heimat der Reeder

Aus Sicht der Insulaner dreht sich alles ums ›Festland‹. So nennen sie ihre Hauptinsel, die etwa so groß ist wie Hamburg und auf der 23000 von insgesamt 25000 Åländern leben. In Mariehamn, ihrer ›Hauptstadt‹, spürt man, daß sie wohlhabend sind. Der Fremdenverkehr, vor allem aber die Handelsschiffahrt bescheren den seit alters als begabten Seefahrern bekannten Åländern gute Gewinne. Fast sechzig Prozent aller finnischen Handelsschiffe sind auf den Ålands beheimatet, und viele reiche Reeder haben in Mariehamn ihren Sitz.

Daß dies schon zur Zeit der Windjammer so war, dokumentiert die am Kai als Museumsschiff vertäute Viermastbark ›Pommern‹. In den dreißiger Jahren befuhr sie mit ihren Schwesterschiffen ›Pamir‹ und ›Passat‹ sowie der legendären ›Großherzogin Cecilie‹ die Weltmeere – allesamt im Besitz des Åländers Gustav Eriksson, der damals die größte Seglerflotte der Welt betrieb. Im Sommer, wenn die Windjammer der Welt Mariehamn zur Parade aufsuchen, wird dieser Tradition gedacht.

Inseltouren mit dem Fahrrad

Auf den Ålands regnet es weniger als auf dem Festland, und die Sonne scheint länger und intensiver. Auch deshalb ist das Fahrrad, kombiniert mit der Bootsfähre, ideal für Inseltouren. Sie können zur Festungsruine Bomarsund führen oder nach Eckerö, Finnlands westlichstem Punkt. Kaffee und Kuchen gibt es dort im wuchtigen, von Engel gebauten Posthaus, leckeres Meeresgetier in der Fischräucherei am Hafen.

Wer sich mit der Fahrradfähre zu den Inseln im Ostteil des Archipels bringen läßt, erhält Wasser, Wind und Sonne pur in aller Abgeschiedenheit. Immer dabeisein sollte das Fernglas: Von April bis August jagen Seeadler über das offene Meer. Und an den Klippen sonnen sich Seehunde und brüten braungemusterte Eiderenten. Lange waren ihre Daunennester den einheimischen Bauern die wichtigste Einkommensquelle – heute sind sie natürlich geschützt.

ÅLAND LANDSKAP
Mariehamn
(Maarianhamina)
Ålands Hav
(Ahvenanmeri)
Södra Kvarken
Rauma
Uusikaupunki
Naantali
Raisio
TURKU
ÅBO
Kaarina
Lieto
Parainen
Pargas
Nagu
Nauvo
Kemiö
Kimito
Hangö
Hanko
Loima
Huittinen
Eurajoki
Eura
Säkylä
Pyhäjärvi
Laitila
Mynämäki
Paimio
Piikkiö
Korpo
Houtskär
Kustavi
Kökar
Föglö
Sottunga
Kumlinge
Brändö
Saltvik
Sund
Lemland
Lumparland
Eckerö
Hammarland
Finström
Jomala
Geta
Vårdö
Orrdals klint
Kastelholm
Zoolandia
Tuomiokirkko
Turun linna
Kultaranta
Skärgårdshavets nationalpark
Saaristomeren kansallispuisto
S A T A K U N T A
V A R S I N A I S - S U O M I
60
72
40
Singö skyddsområde
Kökarsfjärden
Rödhamnsfjärden
Lumparn
Boxöfjärden
Norrhavet
Kalskär
Saggö
Signilskär
Västerön
Storby
Lappo
Torsholma
Enklinge
Seglinge
Mosshaga
Huso
Jurmo
Utö
Nötö
Norrfjärden
Myggskärs fjärden
Hangö västra fjärd
Hangon läntinen selkä
Russarö
Båklandet

Wo gibt es was?

Fähnchennummer = Textnummer ℹ = Auskunft

Turku/Åbo ①

Turku besitzt einen der größten Fährhäfen Finnlands und ist offiziell zweisprachig (Schwedisch/Finnisch). Viertgrößte Stadt (170 000 Ew.) und nach Helsinki wichtigstes Handels- und Industriezentrum des Landes. Sitz des lutherischen Erzbischofs von Finnland, außerdem der Provinzverwaltung und des Oberlandesgerichts.
Geschichte: Turku war lange Hauptstadt des schwedischen Reichsteils Finnland. 1229 Ernennung zum Bischofssitz durch päpstliche Bulle; Vollendung von Domkirche und Gouverneursburg jedoch erst im 14. Jh. 1623 Eröffnung des finnischen Hofgerichts. 1630 Gründung eines Gymnasiums durch Per Brahe, 1640 erste Universität. 1809/12 kurzfristig Hauptstadt des Großfürstentums Finnland. (1812 wurde das näher an St. Petersburg gelegene Helsinki Hauptstadt.) 1827 vernichtete der größte Stadtbrand in der Geschichte Skandinaviens fast die gesamte Stadt. Wiederaufbau unter maßgeblicher Beteiligung Carl Ludvig Engels.
Sehenswert: Der spätromanische Dom (Tuomiokirkko; Erstweihe um 1300), der wichtigste mittelalterliche Kirchenbau Finnlands, war die Wirkungsstätte des Reformators Mikael Agricola (ca. 1510/57), der mit seiner Übersetzung der Bibel ins Finnische als Begründer der finnischen Schriftsprache gilt. Von weitem sichtbar ist der 98 m hohe, quadratische Backsteinturm (nach 1827). Dreischiffige Basilika (Erhöhung des Mittelschiffs im 15. Jh.) mit Seitenkapellen aus dem späten 14. Jh., Kanzel nach Entwurf von C. L. Engel (1837), klassizistischer Hochaltar von F. Westin (1836), Gewölbemalereien von W. Ekman (1850/54). Außerdem Grabdenkmäler bedeutender Persönlichkeiten, darunter eine Statue Agricolas. Im Dommuseum (Südgalerie) Sakralgegenstände und Dokumente zur Dombaugeschichte (16.4.–15.9. tgl. 9 bis 20 Uhr, 16.9.– 15.4. 9–19 Uhr).
Turunlinna, die unübersehbar am Hafen liegende Burg (1,5 km vom Stadtzentrum) geht auf ein 1280 an der Flußmündung erbautes Kastell zurück. Durch Landhebungen entfernte sie sich vom Wasser und verlor durch politische Veränderungen ihre Bedeutung. Zeitweilig diente sie als königliche Brennerei und als Gefängnis; heute ist sie Museum (Spielzeug, Münzen, Waffen u. ä.; 16.4.–15.9. tgl. 10–18 Uhr, 16.9. bis 15.4. mo 14–19, di–so 10–15 Uhr).
Bei der Martinsbrücke am Fluß drei Museumsschiffe: der stählerne Dreimaster Suomen Joutsen (›Finnischer Schwan‹), 1902 in Frankreich gebaut und einst Marineschulschiff, daneben das Minenboot Keihässalmi, eine der ersten Anschaffungen der finnischen Marine nach dem 2. Weltkrieg, und die hervorragend erhaltene hölzerne Dreimastbark Sigyn (alle 10.5–15.8. di–so 10–18 Uhr).
Museen: In der Nähe des Doms das Sibelius-Museum (di–so 11–15, mi bis 18 Uhr), das Bürgerhaus-Museum (Residenz eines Diplomaten aus dem 19. Jh.; di–so 12–15 Uhr) und das Seefahrtsmuseum im Vartiovuori-Park (di–so 10–18 Uhr). Alte Handwerkskunst, u.a. der Uhrmacher, Handschuhmacher, Gerber und Pfeifenmacher, zeigt das Freilichtmuseum auf dem Klosterhügel Luostarinmäki (mit Vorführungen; Sommer di–so 10–18, Winter 10–15 Uhr). Im historischen Dorf Kuralan Kylämäki kann man erleben, wie Kleider nach archäologischen Funden rekonstruiert werden und wie eine eisenzeitliche Schmiede funktionierte (Kohmontie 7; Sommer di–so 10 bis 18 Uhr). Moderne Kunst bieten das Kunstmuseum (u. a. finnische Klassiker der Jahrhundertwende; Sommer di, fr u. sa 10 bis 16, mi/do 10–19, so 11–18 Uhr) und das Wänö-Aaltonen-Museum (di–so 11–19 Uhr), letzteres mit Werkschau des berühmten Bildhauers, der auch die Statue des in Turku geborenen Paavo Nurmi schuf (am Fluß gegenüber der Tourist Information). Gutes Naturkundliches Museum (nordische Flora und Fauna) am Sportpark (Sommer di–so 10–18, Winter 10–15 Uhr).
Veranstaltungen: Internationaler Paavo-Nurmi-Marathon (Juni); ›Down by the Laituri‹-Stadtfestival (Juli); Rockfestival ›Ruisrock‹ (Juli); klassische Musikfestspiele (Aug.); Strömlingsmarkt (Okt.).
Tip: Ein herrlich gelegener Campingplatz (mit Stränden und FKK-Gelände) befindet sich auf der Halbinsel *Ruissalo* (10 km vom Stadtzentrum; Bus 8 ab Marktplatz).
ℹ Tourist Information, Aurakatu 4, FIN-20100 Turku.

Naantali ②

Schön gelegenes Holzhaus-Städtchen (9 000 Ew.), das oft im Rahmen von Tagesausflügen besucht wird. (Fährverbindungen mit Turku, Mariehamn und Kappelskär/Schweden). Kur- und Heilbad.
Geschichte: 1443 Gründung eines Klosters des katholischen Birgittenordens. Die Reformation jedoch entzog dem Kloster die Lebensgrundlage, da die Einnahmen aus dem Pilgerwesen fortan entfielen. Mit Fischfang und Sockenstricken hielt man sich über Wasser, bis im 19. Jh. der Badebetrieb neue Einkommensquellen bot.
Sehenswert sind die idyllische Altstadt (18./19. Jh.) und der Jachthafen. Von der Klosteranlage ist nur die Klosterkirche (1462) erhalten; in ihrer funktionalen Bauweise folgt sie birgittischer Tradition. Innen schöne Schnitzereien (Führungen über das Verkehrsamt).
Tip: Finnlands beliebtester Familienpark ist die ›Muminwelt‹ (1993 eröffnet), in der Kinder (und ihre Eltern) sich in die von der Kinderbuchautorin Tove Jansson erfundene Märchenwelt der ›Mumins‹ entführen lassen können (15.6.–15.8. tgl. 10–20 Uhr).
Umgebung: Auf der Insel *Luonnonmaa* Schloß Kultaranta, der Sommersitz des Staatspräsidenten, umgeben von einem 56 ha großen Park mit großem Rosengarten (Besichtigung nur mit Führer).
ℹ Tourist Information, Kaivotori 2, FIN-21100 Naantali.

Åland-Inseln ③–⑤

Der 6 500 Inseln umfassende Archipel zwischen Schweden und Finnland ist eine autonome Region innerhalb des finnischen Staatsgebiets. Die Bevölkerung spricht Schwedisch und wählt ein eigenes, mit begrenzten Rechten ausgestattetes Parlament. Es gibt kein Militär auf den Inseln, dafür aber eine eigene Fahne, eigene Briefmarken und eine lokale Staatsangehörigkeit. Die meisten der z. T. winzigen Inseln sind unbewohnt; von insgesamt 25 000 Einwohnern leben 10 000 in der Hauptstadt Mariehamn. Die Menschen arbeiten in Fischerei und Landwirtschaft sowie Handel, Schiffahrt und Tourismus. Täglich laufen Passagierschiffe aus Schweden und Finnland den Hafen von Mariehamn an.
Mariehamn ③, 1861 mit damals 33 Einwohnern von Alexander II. gegründet und nach seiner Frau Maria (hamn = Hafen) benannt, ist Sitz der Selbstverwaltungsorgane und beliebter Zielort von Seglern. Ausstellungen zur Geschichte und Archäologie der Inseln im Museum im Stadtpark; im selben Gebäude das Kunstmuseum mit Werken einheimischer Künstler (Sommer tgl. 10–16, di bis 18 Uhr). Im Westhafen das in Bootsform errichtete Seefahrtsmuseum (Mai, Juni, Aug. tgl. 10–16, Juli 9–19 Uhr), daneben die 1903 gebaute Viermastbark ›Pommern‹, ein hochinteressanter Ausflug in die Schiffswelt der Jahrhundertwende (Mai/Juni, Aug. 9–17, Juli 9–19, Sept./Okt. 10–16 Uhr).
Ausflüge: Nordwestl. von Mariehamn die gut erhaltene Schloßruine *Kastelholm* ④ aus dem 14. Jh. (Mai/Juni, Aug. 10–17, Juli 9.30–20 Uhr), die 1834 zerstörte Festung *Bomarsund* und das Freilichtmuseum *Jan-Karlsgården*. An der Westspitze der Hauptinsel *Eckerö* ⑤ mit einer Kirche aus dem 12. Jh. sowie C. L. Engels Zoll- und Posthaus (mit Restaurant und Postmuseum; 1.6.–15.8. tgl. 10–16 Uhr).
Radtouren: Der gesamte Archipel ist ideal für Fahrradausflüge. Tourenvorschläge mit kostenlosen Fährverbindungen beim Verkehrsamt; Leihfahrräder gibt es am Hafen.
Veranstaltung: Mittsommerfest (21. Juni); traditionelle Bauernhochzeit in der Schule von Björsby (Juli); Ålandia Jazzfestival (Juli).
Einkaufen: Souvenirs (Kunsthandwerk) und lokale Delikatessen (z. B. Räucherlachs, eingelegte Strömlinge, Schwarzbrot oder Kastelholmskäse). Die meisten Geschäfte sind auch sonntags geöffnet.
ℹ Ålands Tourist Information, Storagatan 8, FIN-22100 Mariehamn.

Maßstab 1:800.000 — 0 10 20 30 40 km

Nicht immer ist der Himmel wolkenfrei, doch Erholung ist jederzeit garantiert: Yyteri, der feinste Sandstrand in Finnland.

Sonnenrouten an der Ostsee: die Westküste

Der Westen Finnlands ist vom Meer geprägt: Längs der Küste des Bottnischen Meerbusens reihen sich kleine und große Häfen aneinander – kaum ein Ort, an dem man keine Marina findet, in der die privaten Jachten ihre Liegeplätze finden und von der aus die Ausflugsboote zur Schärenrundfahrt starten. Viele Häfen liegen ein wenig landeinwärts: Durch Landhebungen haben sie sich im Lauf der Jahrhunderte vom Wasser entfernt.

△ *Ultramodern: Shopping im Bepop Center in Pori*

Containerverladung im Hafen ▽

Grabtempel für eine 11jährige: das Juselius-Mausoleum in Pori ▽

△ Am Flußhafen von Pori starten die Boote zu Rundfahrten ... ... und Angelexkursionen ▽

Finnland, wie man es gewiß nicht erwartet: Weißer, feinkörniger Sand, bunte Sonnenschirme, daneben Surfsegel und Luftmatratze. Dort draußen die silberglänzende See und hier, vor den Dünen, eine fünf Kilometer lange Mondsichel, der Strand. Yyteri heißt dieser Ort, der eigentlich gar keiner ist, sondern nur eine Ansammlung von Hotels, Restaurants und Campingplätzen. Yyteri existiert nur kurz: im Sommer, für sechs Wochen, vielleicht acht. Denn Yyteri, das ist vor allem der Strand – einer der wenigen in Finnland, die sich wirklich so nennen dürfen.

Jazz, erste Liga

Zu Pori, der Stadt, vor deren Toren Yyteri liegt, fällt jedem Finnen zumindest ein Begriff ein, und sei es nur, weil er sich im Fußball gut auskennt: Jazz. ›FC Jazz Pori‹ heißt der örtliche Fußballklub, und er spielt – mit Erfolg – in der ersten Liga. Und das tun auch die Stars des Pori Jazz Festival im Juli, eines der ältesten und größten seiner Art in Europa! Zahlreich strömen die Fans auch aus dem Ausland herbei, und Pori gerät vorübergehend aus den Fugen. Jedes Café und jedes Restaurant, so scheint es, schwingt mit im Rhythmus des Jazz – just go for it! Wer geglaubt hat, die Finnen seien unterkühlt, wird spätestens hier eines besseren belehrt: Auf der Insel Kirjurinluoto, wo das Hauptkonzert stattfindet und die Jazzgrößen der Welt zum Rendezvous bitten, wird es genauso heiß wie in Yyteri.

Rauma: Schatztruhe aus Holz

Wenn die Musik verklungen ist, wird Pori wieder zu dem, was es eigentlich ist: eine Industrie- und Hafenstadt ohne besonderen Charme. Städtebauliche Perlen sind in Finnland selten.

Um so mehr überrascht deshalb Rauma: Als einzige Stadt Finnlands steht es auf der Weltkulturerbe-Liste der Unesco. Der Grund: Mit über 600, großteils um 1900 entstandenen bunten Holzhäusern an kopfsteingepflasterten Gassen bietet Rauma ein einzigartiges historisches Ambiente. Der Verlauf von Straßen und Häuserzeilen folgt noch weitgehend einem Plan, den man bereits 1682

△ Erinnerung an 1918: Das ›Befreiungsdenkmal‹ in Vaasa

Zuhörer beim Jazzfestival in Pori ▽

△ Das Lebell-Museum in Kristinestad zeigt die Wohnkultur eines reichen Kaufmanns

△ Spaziergang in Rauma: Die ganze Altstadt ist denkmalgeschützt

Blech und Blues: Schwarze Klänge in Pori ▽

festlegte, als – wie so oft in Skandinavien – ein Großbrand die Stadt niedergewalzt hatte.

Von der Kunst des Klöppelns

Wie in Naantali, so stand auch in Rauma ein Kloster am Anfang der Geschichte: Hier waren es Franziskaner, die den Platz urbar machten. Auf sie geht die vermutlich aus Brügge importierte Kunst des Spitzenklöppelns zurück, eine Tradition, mit der Rauma seither untrennbar verbunden ist. Lange waren die filigranen Zier- und Tischdecken eine begehrte Handelsware, die der auch als Seehafen florierenden Stadt ihre Einkünfte sicherte. Mit einem bunten Veranstaltungsprogramm während der allsommerlichen ›Spitzenwochen‹ erhalten die Raumaer die Erinnerung daran lebendig.

Schwedisches in Österbotten

Kristinestad heißt eigentlich Kristiinankaupunki, doch kaum jemand nennt es so: Sechzig Prozent der Bewohner sprechen Schwedisch. Und sie haben ihr Städtchen hübsch erhalten: Eine alte Windmühle, von weitem sichtbar, ist ihr Wahrzeichen. Zu deren Füßen leben sie in blau, gelb und rot gestrichenen Häuschen – wie in der guten alten Zeit. Per Brahe, der die Stadt 1649 gründete, gab ihr den Namen seiner Frau. Handwerker und Kaufleute siedelten sich an, und ihre Nachfahren entwickelten sich zu famosen Gärtnern: Nirgends in Finnland sieht man so viele Gewächshäuser für Gurken und Tomaten.

High-Tech in Vaasa

Vaasa, die Hauptstadt der Provinz Österbotten, ist ein eher nüchterner Ort. Die Industrie hat sich hier den Spezialisierungen verschrieben, die die Zukunft uns abverlangt. Modernste Technologie, anzuwenden in der Elektrotechnik sowie der Motoren- und Kunststoffindustrie, erhalten und schaffen hier die inzwischen auch in Finnland rar gewordenen Arbeitsplätze.

Die Geschichte kennt Vaasa als Hauptstadt der ›Weißen‹ zur Zeit des Finnischen Bürgerkriegs im Jahr 1918. An ihren Sieg über die ›Roten‹ erinnert ein pompöses ›Befreiungsdenkmal‹ im Stadtzentrum.

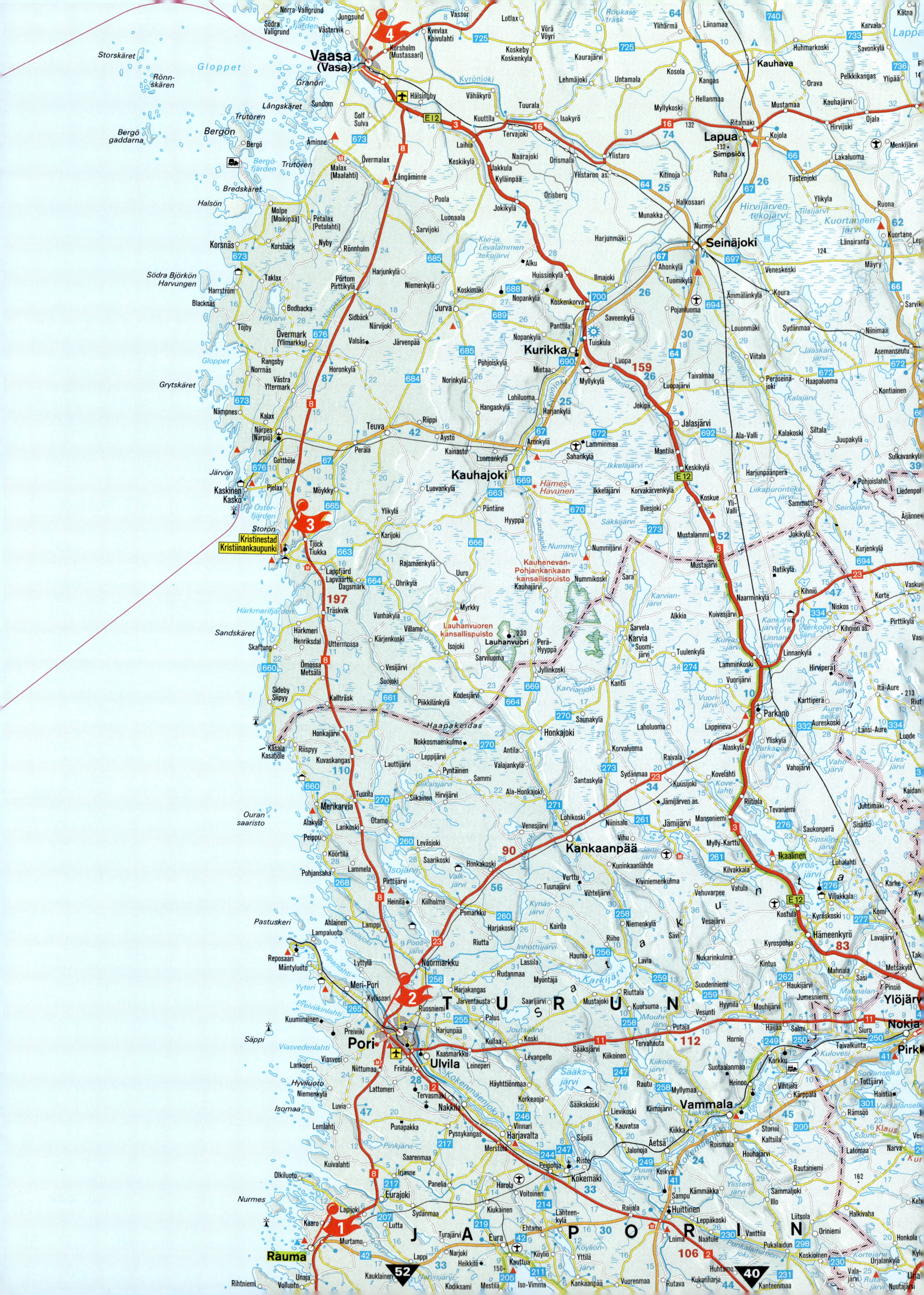

Vaasa
(Vasa)
Korsholm
(Mustasaari)
Gloppet
Storskäret
Rönnskären
Bergö
gaddarna
Bergön
Trutören
Långskäret
Granön
Sundom
Hälsingby
Solf
Sulva
Aminne
Malax
(Maalahti)
Övermalax
Långåminne
Bredskäret
Halsön
Molpe
(Moikipää)
Petalax
(Petolahti)
Korsnäs
Nyby
Rönnholm
Södra Björkön
Harvungen
Taklax
Harrström
Blacknäs
Bodbacka
Töjby
Övermark
(Ylimarkku)
Rangsby
Norrnäs
Västra Yttermark
Grytskäret
Närpes
(Närpiö)
Kalax
Nämpnes
Järvön
Kaskinen
Kasko
Pjelax
Gottböle
Storön
Kristinestad
Kristiinankaupunki
Tjöck
Tiukka
Lappfjärd
Lapväärtti
Dagsmark
Härkmerifjärden
Sandskäret
Skaftung
Härkmeri
Henriksdal
Uttermossa
Ömossa
Metsälä
Sideby
Siipyy
Kalltråsk
Kasala
Kasaböle
Riispyy
Honkajärvi
Kuvaskangas
Ouran saaristo
Merikarvia
Alakylä
Peippu
Lankoski
Köörtilä
Pohjansaha
Lammela
Pastuskeri
Ahlainen
Lampaluoto
Reposaari
Mäntyluoto
Lyttylä
Meri-Pori
Kyläsaari
Kuuminainen
Säppi
Preiviiki
Pori
Ulvila
Viasvesi
Lankoori
Niittumaa
Hyviluoto
Isomaa
Luvia
Lemlahti
Kuivalahti
Olkiluoto
Nurmes
Eurajoki
Lapijoki
Kaaro
Rauma
Rihtniemi
Voiluoto
Unaja
Lotlax
Vöyri
Vörå
Kvevlax
Koivulahti
Kosekeby
Koskenkylä
Kaurajärvi
Kyrönjoki
Lehmäjoki
Untamala
Kosola
Kangas
Kauhava
Vähäkyrö
Tuurala
Isokyrö
Myllykoski
Hellanmaa
Lapua
Simpsiöx
Kuttila
Tervajoki
Laihia
Keskikylä
Naarajoki
Orismala
Ylistaro
Ylistaron as.
Kitinoja
Ruha
Kyläinpää
Jakkula
Orisberg
Halkosaari
Jokikylä
Munakka
Nurmo
Seinäjoki
Poola
Luomaala
Sarvijoki
Harjunmäki
Ahonkylä
Tuomikylä
Harjunkylä
Niemenkylä
Huissinkylä
Ilmajoki
Koskenkorva
Kurikka
Jurva
Nopankylä
Tuiskula
Saveenkylä
Luopa
Koskimäki
Mietaa
Myllykylä
Teuva
Kauhajoki
Jalasjärvi
Peräseinäjoki
Kuortane
Mäyry
Länsiranta
Kuortaneenjärvi
Hirvijärven tekojärvi
Ilmola
Kauhajärvi
Norinkylä
Lohiluoma
Hangaskylä
Riippi
Äystö
Peräla
Kainasto
Luomankylä
Luovankylä
Möykky
Pääntane
Hyyppä
Hämes-Havunen
Ikkelajärvi
Korvakärvenkylä
Ilvesjoki
Keskikylä
Koskue
Mantila
Ylikylä
Karijoki
Rajamäenkylä
Uuro
Ohrikylä
Vanhakylä
Myrkky
Lauhanvuoren kansallispuisto
Lauhanvuori
Kauhaneva-Pohjankankaan kansallispuisto
Nummijärvi
Nummikoski
Sara
Karvianjärvi
Alkkia
Sarvela
Karvia
Suomijärvi
Villamo
Isojoki
Kärjenkoski
Vesijärvi
Suojoki
Peräkylä
Hyyppä
Jyllinkoski
Sarviluoma
Kodesjärvi
Pikkilänkylä
Haapakeidas
Honkajoki
Antila
Valajankylä
Lauttijärvi
Pyntäinen
Sammi
Ala-Honkajoki
Tuorila
Siikainen
Hirvijärvi
Otamo
Venesjärvi
Lohikoski
Kankaanpää
Niinisalo
Jämijärvi
Leväsjoki
Saarikoski
Honkakoski
Pirttijärvi
Heinilä
Kiilholma
Pomarkku
Harjakoski
Riutta
Noormarkku
Lassila
Rudanmaa
Myöntäjä
Haunia
Lavia
Parkano
Ikaalinen
Kostula
Kyröskoski
Hämeenkyrö
Sasi
Ylöjärvi
Nokia
Pirkkala
Mouhijärvi
Suodenniemi
Vesunti
Putaja
Kiikoinen
Tervahauta
Kullaa
Koski
Levanpello
Säkkijärvi
Harjavalta
Nakkila
Hayhtiönmaa
Korkeaoja
Sääksjärvi
Vammala
Rautu
Kiikka
Äetsä
Jalonoja
Kokemäki
Merstola
Peipohja
Kiukainen
Lähteenkylä
Eura
Kauttua
Köyliö
Säkylä
Yttilä
Huittinen
Sampu
Loima
Vanttila
Punkalaidun
Oriniemi
Kankaanpää
Vuorenmaa
Rutava
Kodisjoki
Lappi
Irjanne
Panelia
Harola
Voitoinen
Sydänmaa
Lutta
Murtamo
Narjoki
Heikkilä
Mestilä
Iso-Vimma
Kauklainen
Turajärvi
TURUN JA PORIN
E12
E12
52
40

Wo gibt es was?

Fähnchennummer = Textnummer ❶ = Auskunft

Rauma ①

Die drittälteste Stadt des Landes (Stadtgründung 1442; heute 30 000 Ew.) hat sich ihren besonderen Charme trotz Industrieansiedlungen (Zellulose- und Papierindustrie sowie Schiffsbau) bewahrt. Die gesamte Altstadt steht unter Denkmalschutz (Unesco-Weltkulturerbe).

Geschichte: Um 1400 Gründung eines Franziskanerklosters; Stadtrechte 1442. Um 1550, im Zuge der Zwangsumsiedlungen in das neugegründete Helsinki, durch Gustav Vasa weitgehend wieder aufgelöst. Die von den Franziskanern begründete Tradition der Herstellung von Klöppelspitze konnte sich dennoch halten. Mit dem Erhalt der Stapelrechte 1831 aufblühender Seehandel; zeitweise unterhielt Rauma die größte Handelsflotte Finnlands.

Sehenswert: Ein ausgesprochen idyllisches Bild bietet die seit einem Großbrand 1682 entstandene Altstadt. Insgesamt hat sie rund 600, meist niedrige und großteils im späten 19. Jh. entstandene Holzgebäude aufzuweisen. Viele von ihnen zeigen reichverzierte geschnitzte Fassaden, die ältesten (Ende 18./Anfang 19. Jh.) in der Vanhankirkonkatu, einige jüngere (Mitte/Ende 19. Jh.) in der Kuninkaankatu und der Kauppakatu. Die ›Kitugränn‹ (nahe Heilig-Kreuz-Kirche) ist angeblich die schmalste Gasse Finnlands. Die Altstadt hat rund 200 Geschäfte (Kunsthandwerk, Klöppelspitze u. v. m.) sowie zahlreiche Cafés. Zentrum ist der Marktplatz mit dem alten Rathaus (1767, von C. Schröder), heute Museum mit Exponaten zu Stadtgeschichte, Seefahrt und der Kunst des Spitzenklöppelns (15.5.–31.8. tgl. 10–17 Uhr, 1.9–14.5 di–fr 10–17, sa 10–14, so 10–17 Uhr).

Das Kunstmuseum (Kunst Westfinnlands) ist in zwei Gebäuden eines alten Gutshofes untergebracht, von denen eines das älteste Steinhaus (1795) der Stadt ist (di–fr 10–18, sa 10–16, so 12–18 Uhr, Juni–Aug. auch mo 10–18 Uhr). Die Wohnverhältnisse eines reichen Reeders der Jahrhundertwende dokumentiert das Marela-Museum (di–so 10–17 Uhr). In der Heilig-Kreuz-Kirche (1449; Turm 1816), der letzten Zeugin der einstigen Franziskanersiedlung, schöne Wandmalereien (Chorgewölbe, Empore) und Kanzel im Renaissancestil (Juni bis Aug. mo–sa 10–17, so 12–17 Uhr).

Veranstaltung: ›Spitzenwoche‹ mit vielen Vorführungen (Folklore, Tanzdarbietungen) und Verkauf (Ende Juli).

Tip: Einkauf von Souvenirs (Keramik, Silber- und Bronzeschmuck, Klöppelspitze, Gegenstände aus Leder, Holz und Birkenrinde) ist nicht nur in den Geschäften der Altstadt möglich, sondern auch auf dem Markt vor dem Rathaus (werktags 7–14 Uhr, im Sommer di, mi u. do auch Abendmarkt 16–20 Uhr).

❶ Tourist Information, Valtakatu 2, FIN-26100 Rauma.

Pori ②

Geschäftige Industrie- und Handelsstadt (80 000 Ew.) am Kokemäenjoki-Fluß nahe der Westküste. Den Tiefseehafen können auch Großschiffe befahren.

Geschichte: Stadtgründung 1558 durch Herzog Johan von Finnland, einen Sohn Gustav Vasas. Die Vorgängersiedlung Ulvila hatte weiter flußaufwärts gelegen; die neue, befestigte Stadt sollte näher an der Mündung stehen. Durch Landhebungen jedoch entfernte auch sie sich wieder vom Meer, so daß die Küste heute 10 km entfernt liegt. 1640, 1801 und 1852 verheerende Stadtbrände, danach Neuanlage mit noch heute erhaltenem schachbrettartigen Straßenverlauf.

Sehenswert sind die Neorenaissance-Bauten an der Strandpromende und an der Straße Hallituskatu. Beachtenswert vor allem das Stadthaus (1895; auch ›Junnelius-Palast‹), von August Krook im venezianischen Palaststil errichtet, und daneben das Theater (1884; Anbau 1974), eines der schönsten seiner Art in Finnland. In der Nähe das zweistöckige Rathaus (1841; Entwurf C. L. Engel) und das Satakunta-Provinzmuseum (Sammlungen zur Stadt- und Provinzgeschichte; di–so 11–17 Uhr). Im Park zwischen den beiden Flußbrücken die neugotische Keski-Pori-Kirche, ein dreischiffiger Backsteinbau (1863) von G. T. Chiewitz und C. J. von Heideken; innen Jugendstilgemälde von A. Krook (Sommer tgl. 9–18 Uhr). Auf dem Friedhof im Stadtteil Käppärä das Juselius-Mausoleum, 1898 von J. Stenbäck für die mit 11 Jahren verstorbene Tochter des Industriellen F. A. Juselius errichtet. Innen Fresken von Akseli Gallén-Kallela, die später von dessen Sohn Jorma erneuert wurden (1.5. bis 15.9. tgl. 12–15 Uhr, 16.9–30.4. so 12–14 Uhr).

Veranstaltung: Internationales Jazzfestival Mitte Juli. Hotels sind dann meist schon langfristig ausgebucht; zusätzliche Übernachtungsmöglichkeiten bieten ein Zeltplatz und Privatzimmer in der Stadt. Informationen bei Pori Jazz, Tel. 02/411565, Fax 02/333469.

Umgebung: Landesweit berühmt ist der Sandstrand von *Yyteri* unweit der Stadt. Er entstand über Jahrhunderte durch Aufschwemmungen des Flusses. Gute Bedingungen auch für Windsurfer.

❶ Tourist Information, Hallituskatu 9, FIN-28100 Pori.

Kristinestad ③

Eigentlich finnisch ›Kristiinankaupunki‹; da aber die Mehrheit der Bewohner Schwedisch spricht (ca. 60 Prozent von 8 000 Ew.), ist ›Kristinestad‹ geläufiger. Stadtgründung 1649 durch den schwedischen Gouverneur Per Brahe. Als Hafenstadt bedeutend im Zeitalter der Segelschiffe, die von hier Teer exportierten; mit Aufkommen der Dampfschiffe zu Beginn des 20. Jh. endete dieser Boom. In der Umgebung heute zahlreiche Gewächshäuser für den Anbau von Gurken und Tomaten.

Sehenswert: Da die Stadt von Bränden verschont blieb, ist ein schöner alter Kern erhalten. Hier stehen die beiden ältesten Zollhäuser Finnlands (1680 und 1720); malerisch ist die Gasse Kattpiskargränd. Bedeutendstes Bauwerk ist die in typisch österbottnischem Blockpfeilerstil erbaute Ulrika-Eleonora-Kirche (1698/1700). Auffällig ihr hohes Satteldach und die zwei Türme: Der Westturm ist unübersehbar schief (15.5.–31.8. mo–fr 9–16.30, sa 10–14 Uhr). Der Lebellska Köpmangården, ein als Museum eingerichteter alter Kaufmannshof mit schönen Deckenmalereien, zeigt die Wohnwelt reicher Bürger im 18. Jh. (di–so 12–16 Uhr).

❶ Tourist Information, Meerikatu 8, FIN- 64101 Kristiinankaupunki.

Vaasa/Vasa ④

Universitätsstadt (55 000 Ew.) und Hauptstadt der Provinz Österbotten, an der engsten Stelle des Bottnischen Meerbusens gelegen. Die vom Hafen regelmäßig nach Schweden (Umeå, Sundsvall) auslaufenden Fährschiffe passieren bei ihrer Überfahrt den vorgelagerten Schärengarten. Gut ein Viertel der Bewohner ist schwedischsprachig.

Geschichte: Gründung 1606 durch Karl IX. von Schweden. 1852 wurde Alt-Vaasa bis auf zwei Häuser völlig zerstört und 7 km nordwestl. nach Plänen von C. A. Setterberg wiederaufgebaut. Um bei erneuten Feuersbrünsten den Funkenflug eindämmen zu können, wurden breite Esplanaden und abgegrenzte Stadtteile angelegt. Anfang 1918 war Vaasa Hauptstadt der bürgerlichen ›Weißen‹. In den 70er Jahren entstand eine Reihe mehrgeschossiger Wohnblocks, die dem Gesamtbild Vaasas nicht unbedingt zuträglich sind.

Sehenswert: Setterbergs Vorliebe für Neogotisches verraten die orthodoxe Kirche und das mit seinen Ecktürmchen und der stufenförmigen Attika an englische Bauten erinnernde Appellationsgericht. In Alt-Vaasa (Vanha Vaasa), der abgebrannten Urzelle der Stadt, sind noch die einstigen Haus- und Wegestrukturen zu sehen. Regionale Flora und Fauna erläutert das Österbotten-Museum (Museokatu 3). Finnische Maler des 19./20. Jh., aber auch Degas, Gauguin und Picasso, im Tikanoja-Kunstmuseum (Hovioikeudenpuistikko 4, di bis sa 11–16, so 12–17 Uhr). Am Südrand der Stadt das Freilichtmuseum Bragegården (di–fr 14–19, sa/so 12–16 Uhr).

Einkaufen: In der hypermodernen, glasüberdachten Rewell-Galeria am Marktplatz.

❶ Tourist Information, Hovioikeudenpuistikko 11, FIN-65101 Vaasa.

Maßstab 1:800.000 — 0 10 20 30 40 km

Farbige Wandmalereien und wertvolle Schnitzwerke unter gotischen Gewölben: Die Kirche von Hattula war lange der bedeutendste Wallfahrtsort ganz Skandinaviens.

Blau-weiße Ferien im westfinnischen Seenland

Weiße Schiffe auf tiefblauen Seen: ›Silberlinie‹ und ›Dichterweg‹ heißen die Routen, auf denen diese Dampfer verkehren – Namen, so poetisch wie das Land und keineswegs übertrieben.
In Tampere, der größten Stadt der Region, besteigt man die Schiffe und besucht beispielsweise Hämeenlinna, den Geburtsort des Komponisten Sibelius und Standort einer prachtvollen Burg.

△ Moderner Architektur bietet Tampere viel Raum: die als ›Auerhahn‹ bekannte Stadtbibliothek …

△ … die Kaleva-Kirche …

… und Industriearchitektur am Hafen ▽

△ Traditionell dagegen zeigen sich die orthodoxe Kirche … … und der Dom, den Hugo Simberg mit Fresken versehen hat ▽

Schon der Schwedenkönig Gustav III. erkannte den Standortvorteil: Brausendes Wasser ist billige Energie – und was das bedeutet, wußte man bereits, als Europa jene große Umwälzung, die Historiker die ›Industrielle Revolution‹ nennen, noch vor sich hatte. Tampere, 1779 auf königlichen Erlaß an den Stromschnellen am Überlauf zweier riesiger Seen gegründet, ist einer der frühen Industriestandorte Europas. Der schottische Industriepionier James Finlayson errichtete dort eine vielbestaunte Baumwollspinnerei und machte Tampere so zum ›Glasgow Finnlands‹. Sägemühlen, Metall- und Lederwerke folgten, und die Spinnerei, mittlerweile zum internationalen Konzern aufgestiegen, machte die Stadt zwar nicht hübsch, aber reich. Noch heute jedenfalls kann sich die größte Binnenstadt Skandinaviens ein Theater- und Kulturleben leisten, das auch einer Hauptstadt würdig wäre.

Eine Bronx in Tampere

Finlaysons Spinnerei zog Heere von Arbeitern an. So hatte Tampere bereits um 1900 seine ›Satellitenstadt‹ – die erste in Finnland. An einem Hang über den Stromschnellen wuchs Pispala heran, das Quartier der Arbeiter. Für die einen war es die ›Bronx‹ von Tampere, für die anderen – Arbeiterführer, aber auch Schriftsteller und andere Künstler – der Ort, an dem es Volkes Pulsschlag und Stimme aufzuspüren galt.
Doch irgendwann begann der Zahn der Zeit an den hölzernen Arbeiterhäuschen zu nagen, und Verfall setzte ein. So schritt der Staat ein: Er ließ Pispala sanieren und in einen Nobelvorort verwandeln – zur Freude der Besucher, die das adrette Treppen- und Gassenviertel heute durchstreifen.

Architektonische Suchspiele

Besonders in Sachen Architektur kann sich Tampere im Vergleich zu anderen finnischen Städten sehen lassen. Das gilt für historische Bauwerke – herausragend ist der Marktplatz mit seiner gelungenen Mixtur aus Klassizismus und finnischem Jugendstil – ebenso wie für Modernes: Wie man Alt und Neu

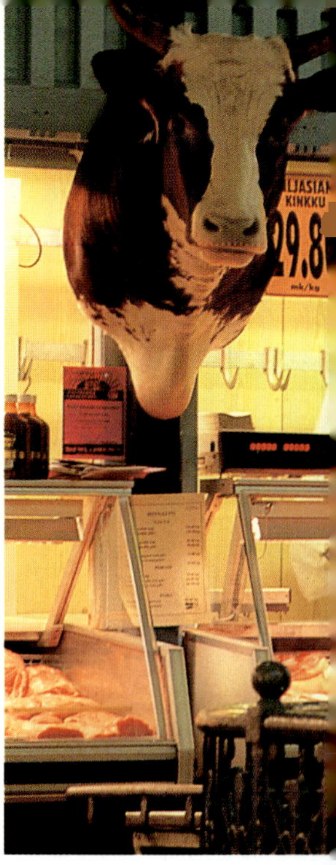

△ Vom Pyynikki-Turm blickt man weit über die Seen und hinunter zum ... ... Särkänniemi-Vergnügungspark ▽

△ Spezialitäten aus den Wäldern Lapplands: Einkauf in der Markthalle von Tampere

△ Direkt vor der Stadt liegen die Seen: Orivesi-Kajakregatta ... ... und Holzhausträume am Pyhäjärvi ▽

geschickt miteinander verbindet, demonstriert zum Beispiel das Ensemble, das der in backsteinroten Fabrikhallen untergebrachte Boutiquenkomplex von Kehräsaari und das gegenüberliegende, von einer Glaskuppel überdachte Einkaufszentrum Koskikeskus bilden.

Zwei weitere architektonische Highlights, die Kaleva-Kirche und die Stadtbibliothek, gehen auf das Konto des Architektenehepaars Pietilä, den Alvar Aaltos von Tampere. Über ihre Werke ist viel gestritten worden. Denn mag man die Stadtbibliothek, deren Grundriß dem gespreizten Flügel eines Auerhahns ähneln soll, noch einigermaßen problemlos identifizieren, so fällt dies bei der Kaleva-Kirche fraglos schwerer: Schon mancher hat das Gotteshaus, direkt vor ihm stehend, als solches nicht erkannt. Und, endlich aufgeklärt, allzugut verstanden, weshalb man vom ›Seelen-Silo‹ spricht: Von außen ähnelt das Bauwerk einem mäßig schönen Hochhauskomplex eher als einer Kirche.

Doch der Gang in das Kircheninnere versöhnt. Der betont schlicht gehaltene, 1100 Menschen Platz bietende Raum hat fast gotischen Charakter: Alle Bauteile, am auffälligsten die vom Boden bis zur Decke reichenden Fenster, streben nach oben; waagerechte Linien fehlen völlig. Ein Raumerlebnis, für das es sich lohnt, nach dem ›Seelen-Silo‹ zu fragen ...

Filmstadt Tampere

Einmal im Jahr, zum Kurzfilm-Festival im März, ist er in Tampere anzutreffen: Aki Kaurismäki, der Erfinder der ›Leningrad Cowboys‹, dieser wohl skurrilsten Rockband der Filmgeschichte. Denn Tampere ist Finnlands Filmhauptstadt und Kaurismäki der Star-Regisseur des neuen finnischen Kinos. Aber Tampere ist nicht Hollywood, und Kaurismäkis Filme entstehen nicht in einer Traumfabrik, sondern in der Realität. Sie zeigen gewöhnliche Menschen, keine Helden – wohltuend unspektakuläres Kino.

Daß auf dem Festival von Tampere alljährlich bis zu hundert Kurzfilme zu sehen sind, ist eigentlich erstaunlich. Denn insgesamt ist es um den finnischen Film nicht gut bestellt. Sprachbarrieren bei Auslandsvorstel-

△ Wandern im Nationalpark: Blick auf den See Helvetinjärvi ...

... und die wohlverdiente Rast ▽

△ Auf einer Insel im Näsijärvi

△ Stationen am Dichterweg: Uferszenen bei Virrat ... ... und bei Ruovesi ▽

lungen, wenige Kinos im Land und das übermächtige Video- und Fernsehangebot lassen den Regisseuren wenig Entfaltungsmöglichkeiten. Doch wie man auch mit geringem Aufwand – ›low budget‹ im Jargon der Branche – große Filmkunst schafft, das hat gerade Kaurismäki wiederholt bewiesen.

Natur pur: Zu Wasser ...

Wasser, so weit das Auge reicht, direkt vor der Stadt: Tampere liegt am Scheitelpunkt zweier riesiger Seen, Pyhäjärvi und Näsijärvi. An den Anlegestegen beiderseits des Stadtzentrums warten die Dampfer, auf deren Decks man zwei der berühmtesten Seenrouten Finnlands erleben kann: Auf dem romantischen ›Dichterweg‹ tuckern sie gen Norden, Richtung Ruovesi und Virrat, und entlang der ›Silberlinie‹ südwärts nach Hämeenlinna. Sieben Stunden dauert die Fahrt längs der ›Silberlinie‹, und nie wird sie langweilig. Sie führt über offene, weite Wasserflächen, aber auch entlang schmaler Inseldurchfahrten und Kanalüberführungen mit Schleusen. Den Rückweg bewältigt man per Bus oder Zug. Oder man steigt einfach auf halber Strecke aus und fährt mit dem gerade aus Hämeenlinna eintreffenden Boot nach Tampere zurück.

... und zu Lande

Finnland aus der Bootsperspektive ist ein absolutes Muß. In Ausflugsnähe zu Tampere liegen aber auch zwei Nationalparks, der Seitseminen und der Helvetinjärvi, die nur zu Fuß erobert werden können. Und auch das ist irgendwann auf jeder Finnlandreise Pflicht.
Die Nationalparks der Region bieten auch dem nicht gerade trappermäßig ausgerüsteten Wanderer hervorragende Einblicke in die typische Wald- und Seenlandschaft Mittelfinnlands. Im noch jungen Nationalpark Seitseminen führen viele gut markierte Pfade zu unter Schilf und Wasserpflanzen versteckten Tümpeln. Am Weg liegen Termitenhügel ebenso wie vor kurzem noch forstwirtschaftlich genutzte Flächen, die sich selbst renaturieren. Die Rundwanderwege sind auch mit kleinem Gepäck leicht zu bewältigen.

△ Das Wahrzeichen von Hämeenlinna ist die berühmte Burg, die der Stadt den Namen gab

△ In Hattula steht die einst bedeutendste Wallfahrtskirche Skandinaviens

Ihr Inneres zeigt Malereien und hölzerne Skulpturen, hier den Drachentöter Georg ▽

△ *Neue finnische Leidenschaft: Golfen, hier in Aulanko ...*

... und alte finnische Kunst: Glasbläser in Iittala ▽

Hauptattraktion des Nationalparks Helvetinjärvi ist die V-förmige Helvetinkolu-Schlucht, deren Abrißrand einen traumhaften Blick auf eine glitzernde Seenkette eröffnet. Fußfaule können bis auf einen drei Kilometer langen Spazierweg mit dem Auto heranfahren. Wanderern mit sportlichen Ambitionen ist der beide Parks durchziehende Fernwanderweg Pirkan Taival eine Herausforderung.

Romantisches Hämeenlinna

Hämeenlinna gäbe es nicht ohne seine trutzige Backsteinburg. Denn lange vor der Stadt, im 13. Jahrhundert, entstand ihr heutiges Wahrzeichen. Die schwedisch-russische Grenze verlief hier, und man glaubte, sich gegen drohende Gefahren aus dem Osten zur Wehr setzen zu müssen. Sinnlos ausgegebene Verteidigungsetats schon damals: Die Burg wurde nie angegriffen!

Doch noch etwas verbindet man mit Hämeenlinna: Jean Sibelius, einer der berühmtesten Finnen überhaupt, wurde hier 1865 geboren. Gar nicht so feierlich und ernst jedoch, wie seine Werke es erwarten lassen, zeigt sich das eher heitere Geburtshaus des Komponisten. Sammelte er vielleicht an den Schwanenteichen des nahegelegenen Naturparks Aulanko seine musikalischen Einfälle? Als romantische Kulisse der Finlandia-Sinfonie jedenfalls wären sie ideal!

Klassisch: finnisches Design

In Iittala kann man Glasbläsern bei der Arbeit zuschauen, einer klassischen Sparte finnischer Handwerkskunst. Schon seit Jahrhunderten fertigt man mundgeblasene Vasen, Schalen und Trinkgefäße, und selbst seriell hergestelltes Glas aus Finnland ist selten seelenlos, sondern voller Esprit und natürlicher Schönheit.

Einen Höhepunkt fand diese Kunst in der 1936 kreierten Aalto-Vase; sie gilt als finnischer Design-Klassiker schlechthin. Von den Erfolgen des großen Architekten auch im Möbeldesign angesporn, wuchs eine Generation jüngerer Designer nach, die in den fünfziger und sechziger Jahren internationalen Ruhm erntete. Bei den Designwettbewerben der Welt belegen Finnen seither regelmäßig Spitzenplätze.

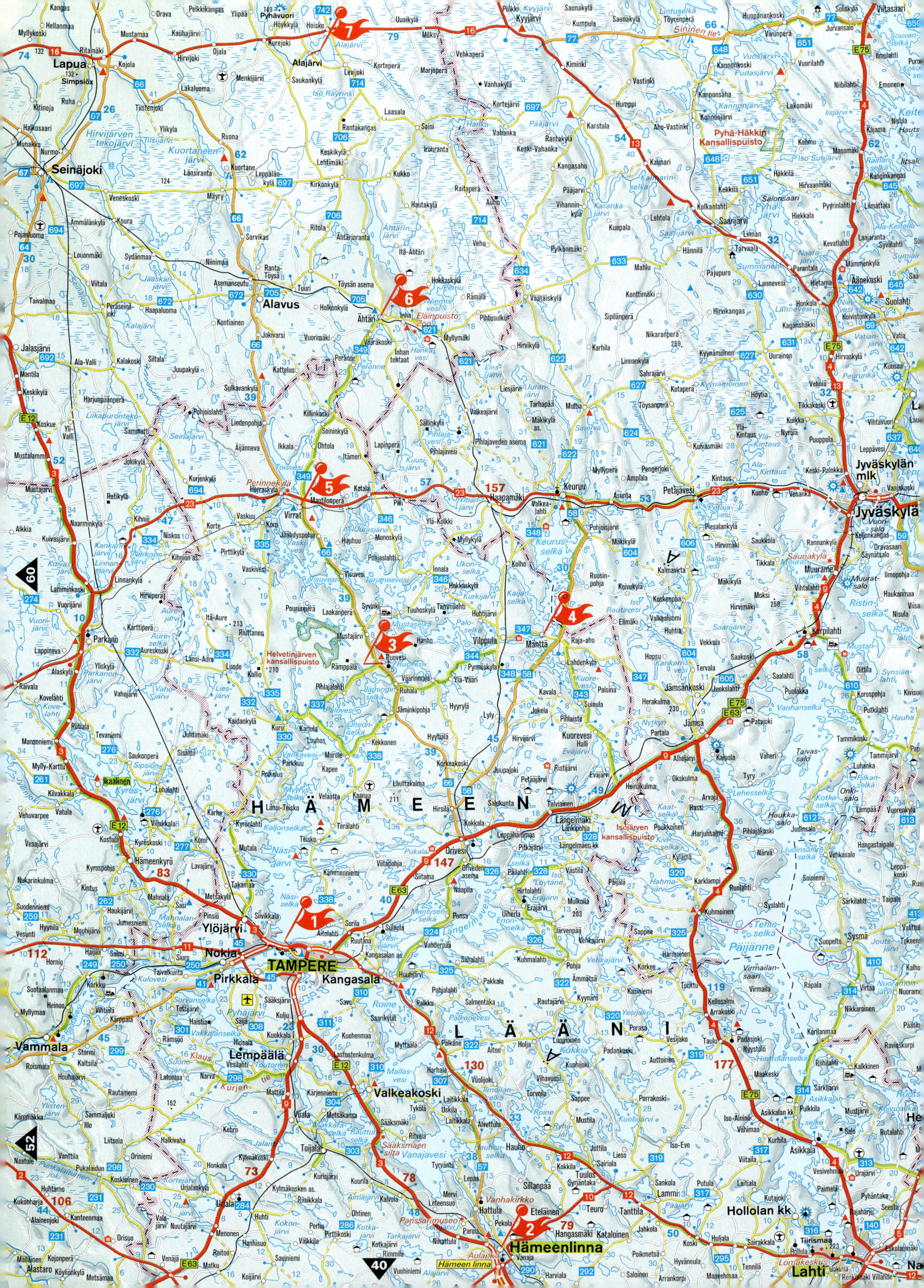

Lapua
Seinäjoki
Alajärvi
Alavus
Ähtäri
Jyväskylän mlk
Jyväskylä
Keuruu
Haapamäki
Virrat
Mänttä
Jämsä
Jämsänkoski
Parkano
Ikaalinen
Ylöjärvi
Nokia
TAMPERE
Kangasala
Pirkkala
Lempäälä
Vammala
Valkeakoski
Toijala
Urjala
Hämeenlinna
Hollolan kk
Lahti
Orivesi
Kuru
Pyhä-Häkin Kansallispuisto
Helvetinjärven kansallispuisto
Isojärven kansallispuisto
H Ä M E E N
L Ä Ä N I
Päijänne
Vanajavesi
Pyhäjärvi
60
52
40

Wo gibt es was?

Fähnchennummer = Textnummer ❶ = Auskunft

Tampere ①

Drittgrößte Stadt (180 000 Ew.) Finnlands und bedeutender Industriestandort mit gut erhaltenen alten Arbeitervierteln (Pispala und Amuri, heute teilweise für Museumszwecke genutzt) sowie äußerst regem kulturellen Leben. Das Arbeitertheater ist eines der modernsten Theater Finnlands, und einzigartig ist die Freilichtbühne Pyynikki am gleichnamigen Aussichtsturm: Hier läßt sich nicht die Bühne, sondern das ganze Auditorium drehen!

Geschichte: Gründung als ›Freistadt Tammerfors‹ 1779 durch Gustav III. von Schweden. 1820 Inbetriebnahme einer von dem Schotten James Finlayson gebauten Baumwollspinnerei an den Tammerkoski-Stromschnellen; Papierfabriken (1830) und metall-, holz- und lederverarbeitende Betriebe folgten. Für die Arbeiter, unter ihnen viele Frauen und Kinder, wurden eigene Viertel errichtet; die finnische Arbeiterbewegung fand dort später viele Anhänger. Im finnischen Bürgerkrieg galt Tampere als Bastion der ›Roten‹; 1918 wurde es deshalb von den ›Weißen‹ unter Marschall Mannerheim erstürmt und stark zerstört. Auch im Zweiten Weltkrieg wurde die gerade wiedererrichtete Stadt schwer getroffen.

Sehenswert: Der Dom (1902/07; Lars Sonck) ist ein beeindruckendes Zeugnis der finnischen Nationalromantik. Reizvoll durch unterschiedliche Materialien und Bearbeitungstechniken (z. B. Außensteine); zudem sind die Türme verschieden hoch, auch die Portalfassaden variieren formal. Innenausstattung von namhaften Künstlern, u. a. Magnus Enckell (Altarbild ›Auferstehung‹) und Hugo Simberg (Gewölbe- und Emporenbemalung, Wandbild ›Verwundeter Engel‹; geöffnet Mai–Aug. tgl. 10–18 Uhr, Sept.–April tgl. 11–15 Uhr).

Die orthodoxe Alexanderkirche ist ein neobyzantinischer Backsteinbau von T. V. Jassikov (1896/99). Ihre sieben Kuppeln symbolisieren die Sakramente; im Glockenturm neun Glocken, von denen die größte 5000 kg wiegt (Öffnungszeiten wie Dom). Gegenüber die moderne Stadtbibliothek (1986; Raili u. Reima Pietilä); innen eine Ausstellung von ›Mumins‹, den populären Kinderbuchfiguren der Schriftstellerin Tove Jansson (mo–fr 9–17, sa/so 9–18 Uhr). In der Nähe das Arbeitermuseum Amuri (25.5–31.8. di–sa 9–17, so 11–17 Uhr) und ein Lenin-Museum: Der Revolutionär hielt sich 1917 kurz in Tampere auf (mo–fr 9–17, sa/so 11–16 Uhr).

Am repräsentativen Marktplatz (Keskustori) das Rathaus (1890; G. Schreck) und das klassizistische, mit Jugendstilelementen versehene Theater (1913; K. Kallio). Von der Brücke (mit vier Statuen von W. Aaltonen) hinter dem Theater guter Blick auf die alten Fabrikgebäude der Stadt.

Jenseits der Bahnlinie moderne Kongreßhalle (1990) und Universität (1961) sowie die eigenwillige Kaleva-Kirche (1964/66; Raili u. Reima Pietilä) mit Gebäudegrundriß in Form eines Fisches, eines der ältesten Symbole des Christentums. Die 170 000 Fliesen an den geschwungenen Außenwänden stehen für die Einwohnerzahl Tamperes im Jahr der Fertigstellung der Kirche (Mai–Aug. tgl. 10–18, Sept.–April tgl. 11–15 Uhr).

Ein Familienausflugsziel ist der Freizeitpark Särkänniemi am Näsijärvi (mit Streichelzoo, Achterbahn und Delphinarium; mo–fr 10–18, sa u. do 10–19 Uhr). Nebenan das Sara-Hildén-Kunstmuseum mit Werken u. a. von Klee, Picasso und Miró (tgl. 11–19 Uhr) und der Aussichtsturm Näsinneula, der herrliche Blicke auf das Seengebiet bietet (Sommer tgl. 10–22 Uhr).

Veranstaltungen: Internationales Kurzfilmfestival (März); großes Theaterfestival (Aug.). In den Wintermonaten Eishockeyspiele der beiden Erstligaclubs.

Baden: Mehrere Strandbäder nahe Särkänniemi-Park und in Pyynikki.

Bootstouren: Tagesfahrten nach Süden auf der ›Silberlinie‹ bis Hämeenlinna, nach Norden auf dem ›Dichterweg‹ bis Virrat, auf den Spuren der Dichter Runeberg und Topelius. Außerdem zweistündige Rundfahrten auf dem Schaufelraddampfer ›Finlandia Queen‹.

❶ Tourist Information, Verkatehtaankatu 2, FIN-33211 Tampere.

Hämeenlinna ②

Ehemalige schwedisch-russische Grenzstadt (Stadtrechte 1639), heute Hauptstadt (50 000 Ew.) der Provinz Häme und südlicher Endpunkt der ›Silberlinie‹.

Sehenswert ist die um 1260 von Birger Jarl, dem Gründer Stockholms, errichteter Burg. Vielfach umgebaut und u. a. als Getreidespeicher und Gefängnis genutzt, ist sie heute das Wahrzeichen der Stadt. Auffallend ihr großzügig profiliertes Hauptportal und die Backsteinornamente an den Hoffassaden (Sommer tgl. 10–18 Uhr). Eher unscheinbar ist das Geburtshaus des Komponisten Jean Sibelius (tgl. 12–16 Uhr). Zu Wanderungen durch dichten Mischwald lädt der stadtnahe Naturpark Aulanko ein.

Veranstaltung: Finlandia-Rennen (Skilanglauf) von Hämeenlinna nach Lahti (Febr.).

Umgebung: Die Kirche von *Hattula* (11 km nördl.), lange das wichtigste Wallfahrtsziel ganz Skandinaviens, ist eines der reinsten hochgotischen Gotteshäuser Finnlands. Zwischen 1320 und 1420 erbaut, erhielt die kreuzgewölbte, dreischiffige Kirche im 16. Jh. eine reiche Ausmalung (180 verschiedene biblische Motive). Beachtenswert auch Kanzel und Skulpturenschmuck, darunter eine Holzfigur des hl. Olaf aus Lübeck (Sommer tgl. 11–17 Uhr).

Bei *Kalvola* (48 km nordwestl.) die Glasfabrik Iittala mit Museum (mo–fr 10–17, sa/so 10–18 Uhr, Sommer tgl. 10–20 Uhr) und Einkaufsmöglichkeit (tgl. 10–17, Sommer 10–18 Uhr).

❶ Tourist Information, Sibeliuksenkatu 5 a, FIN-13100 Hämeenlinna.

Ruovesi ③

Schönes Dorf am ›Dichterweg‹ mit hübscher alter Holzkirche (1778) und dem ›Einödatelier‹ Akseli Gallén-Kallelas. Der berühmte Maler und Grafiker gilt als Begründer der finnischen Nationalromantik.

Ausgangspunkt für Wanderungen in den Nationalparks *Helvetinjärvi* (10 km nordwestl.) und *Seitseminen* (30 km südwestl.; Zufahrt über Kuru, 23 km südwestl.)

❶ Tourist Information, FIN-34600 Ruovesi.

Mänttä ④

Ehemalige Industriesiedlung (Stadtrechte 1973) mit einer bedeutenden Sammlung finnischer und europäischer Malerei in der Villa Joenniemi des Industriellen Gösta Serlachius (April–Aug. di–so 11–18, Sept. bis Mai sa/so 12–17 Uhr).

Virrat ⑤

Idyllisches Landstädtchen in einsamer Umgebung inmitten von rund 300 Seen. Ein kleines Museum ist dem Bärenjäger Martti Kitunen gewidmet, der von 1763 bis 1821 in der Region fast 200 Bären erlegt haben soll (Sommer 11–17 Uhr). Das Traditionsdorf Perinnekylä dokumentiert finnische Kultur und traditionelles Landleben. Südlich der Stadt die Torivesa-Schluchtseen mit guten Wildwasserstrecken.

❶ Tourist Information, FIN-34800 Virrat.

Ähtäri ⑥

Kleine Landgemeinde mit einem landesweit bekannten Tierpark (1973 eröffnet). Er zeigt die gesamte nordische Tierwelt in naturnah gestalteten Gehegen (Winter tgl. 10–14 Uhr, Sommer 10–18, Juni/Juli auch bis 20 Uhr). Nebenan ›MiniFinnland‹, ein Park, der Finnland im Miniaturformat präsentiert (Winter tgl. 11–16 Uhr, Sommer 11–18, Juni/Juli auch bis 20 Uhr). Im Ort Backsteinkirche von B. Liljeqvist (1937).

❶ Tourist Information, FIN-63700 Ähtäri.

Alajärvi ⑦

Der kleine Ort (9 000 Ew.) am Übergang von der Seen- in die Küstenlandschaft lebt von der Holzindustrie und der Produktion von Fertighäusern.

Umgebung: In *Kuortane* (ca. 40 km südwestl.) wurde Alvar Aalto 1898 geboren. Er baute das Schutzkorpshaus (1919), das Krankenhaus (1924) und das Pfarrzentrum (1969) von Alajärvi. Die hölzerne Kirche (1826) entwarf C. L. Engel.

❶ Tourist Information, FIN-63650 Alajärvi.

Maßstab 1:800 000 — 0 10 20 30 40 km

Stadtbeherrschend sind in Lahti die drei Sprungschanzen am Salpausselkä. Schon 1923 fanden hier erstmals internationale ›Skispiele‹ statt.

Große Sprünge am Salpausselkä

Lahti, Finnlands führende Wintersportstadt, mit exzellenten Einrichtungen für Amateure ebenso wie für die Profis, plant große Sprünge: Im Jahr 2001 sollen nordische Skiweltmeisterschaften am Hausberg Salpausselkä stattfinden, und 2006 sogar Olympische Winterspiele – wenn es denn klappt mit der Bewerbung.
Wer im Sommer an den Päijänne, den größten See Finnlands, kommt, wird grandiose, weithin unberührte Natur genießen. Kulturelle Abwechslung bietet die Universitätsstadt Jyväskylä mit den Bauten Alvar Aaltos und interessanten Museen.

△ Der Messilä-Gutshof in Lahti ist heute ein Restaurant

In Heinola betreibt Raimo Kinnunen ein Puppentheater ▽

△ Die Kreuzkirche in Lahti ist einer der letzten Bauten von Alvar Aalto

△ *Schwimmen statt springen: Lahtis drei Schanzen*

Eine Wasserburg für die Nachwuchsritter im Familienpark von Lahti ▽

Im Seenland zwischen Tampere, Lahti und Jyväskylä bietet Finnland, was man von ihm erwartet: unverdorbene, ursprüngliche, saubere Natur. Daß dies auch in dem Land, das als einziges in Europa eine noch unberührte Wildmark besitzt, durchaus keine Selbstverständlichkeit ist, wissen die Finnen nur zu gut. Wiederholt hat man ihnen vorgerechnet, wie es zum Beispiel um ihr Meer, die Ostsee, bestellt ist: Rund ein Fünftel des Meeresbodens, so haben Greenpeace-Experten gesagt, sei durch Industriegifte zerstört. Und ein Großteil der umweltbelastenden Stoffe entstamme, so hieß es weiter, den Fabriken Finnlands, allen voran der papier- und zellstoffverarbeitenden Industrie.

Eine erschreckende Bestandsaufnahme? Vor diesem Hintergrund jedenfalls ist es verständlich, daß die Anrainer des Päijänne-Sees, des größten Sees der Region Lahti und eines der größten des Landes, besonders stolz sind auf einen 1995 von der Europäischen Union verliehenen Umweltpreis. Dank konsequenter Schutzmaßnahmen, so hatten Messungen bestätigt, ist das Wasser des Päijänne wieder ›trinkbar klar‹.

Lahti, Tor zum Seenland

Lahti am Südzipfel des Vesijärvi-Sees ist eines der Tore zur mittelfinnischen Seenplatte. Besonders viel zu sehen gibt es hier nicht, denn Lahti ist eine junge Stadt ohne große historische Bedeutung. Erst 1905, nachdem die Eisenbahn den Ackerbauersiedlungen im Binnenland den Anschluß an die Welt verschafft hatte, erhielt Lahti Stadtrechte, mit ein paar hundert Bewohnern. Dann aber ging es rasch aufwärts, und mit 95 000 Einwohnern, großen Möbel-, Textil- und Glasfabriken und einer bekannten Bierbrauerei ist Lahti heute eine moderne Industriestadt – eine Stadt wie jede andere.

Wahrzeichen: drei Schanzen

Eine Stadt wie jede andere? Zumindest alle, die sich für Wintersport interessieren, werden vehement widersprechen. Denn Lahti ist einer der bedeutendsten Wintersportorte Skandinaviens. Wahrzeichen der Stadt sind deshalb, neben einem alten Rundfunksendemast,

△ Winterwunderland: ein Februarmorgen in Mittelfinnland

△ Ernstzunehmen: Warnung vor Elch und Rentier

Mit Geduld und Spucke: Eisangeln ▽

Eine Frage der Überwindung: das Eisbad nach dem Saunabesuch ▽

△ Klassisch finnischer Wintersport: das Skiwandern

Über zugefrorene Seen führt die Schlittenfahrt ▽

die drei Skisprungschanzen auf dem Salpausselkä, dem Bergrücken westlich der Stadt. Auch im Sommer sind sie nicht zu übersehen: drei übergroße Sonnenstühle, zu deren Füßen ein Schwimmbecken, türkisblau und von Löwenzahn gerahmt, zum Bad einlädt. Genau dort, wo im Winter die Skiflieger landen ...

Schon 1923 fanden in Lahti erstmals internationale ›Winterspiele‹ statt. Mehrere Weltmeisterschaften in den nordischen Disziplinen und viele Wettbewerbe im Skispringen und im Biathlon folgten, und auch der berühmte Finlandia-Lauf im Februar, eines der Top-Ereignisse der finnischen Wintersportsaison, endet in Lahti. Rund 6000 Langläufer begeben sich dann auf einem zugefrorenen See im benachbarten Hämeenlinna auf eine 75 Kilometer lange, mit vielen Steigungen und Abfahrten gespickte Loipe. Da am Nachmittag gestartet wird, ist der Großteil der Strecke in der Dunkelheit zurückzulegen, im Schein von Stirnlampen und bei klirrender Kälte. Doch die Minusgrade sind schnell vergessen: Wenn die Läufer Stunden später das Ziel in Lahti erreichen, sind sie schweißgebadet und überglücklich.

Nach Finnland im Winter

Fast jeder Finne besitzt Schlittschuhe und Langlaufski. Über die steigende Zahl der Touristen, die das Land zum Aktivurlaub im Winter besuchen, freut man sich deshalb besonders. Vor allem Langläufer finden Traumbedingungen vor: Die Zahl der (vielerorts beleuchteten) Loipen ist unüberschaubar; je nach Region sind sie mehrere Monate lang zu nutzen, am besten in Februar und März, wenn die Tage wieder länger werden. Auch die Kleinsten können mitmachen: In der ›Pulkka‹, einer Art Schlitten, werden sie warm eingepackt mitgenommen.

So folgt man den markierten Pfaden oder wandert durch tief verschneite Wälder und unter stahlblauem Himmel. Und trifft dabei vielleicht auf eine Gruppe vermummter Männer, die auf ein Eisloch starren: Sie frönen der finnischen Leidenschaft des Eisangelns. Stundenlang können sie warten auf den kapitalen Fang. Die Natur hat die Menschen in Finnland auch gelehrt, geduldig zu sein.

△ Möbeldesign und Architekturzeichnungen des Meisters zeigt das Aalto-Museum in Jyväskylä

△ In Tikkakoski wird die Geschichte der finnischen Luftfahrt präsentiert

Die alten Dampfboote auf dem Päijänne erfreuen jetzt Freizeitkapitäne ▽

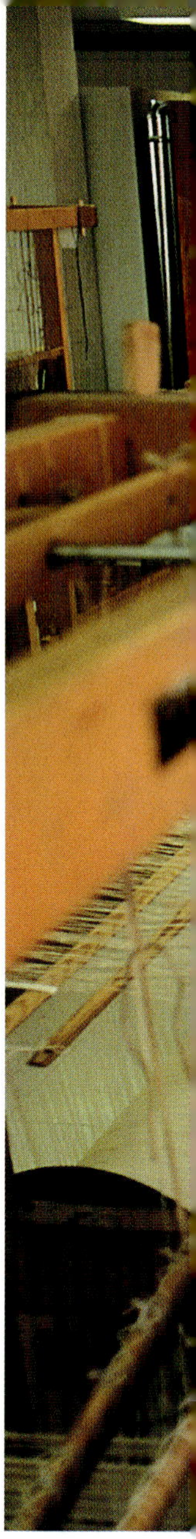

△ Weberinnen im Kunsthandwerkszentrum Avivia in Jyväskylä

In Petäjävesi steht eine der schönsten Holzkirchen des Landes ▽

Alvar Aalto in Jyväskylä

Jyväskylä am Nordende des Päijänne ist die Stadt Alvar Aaltos. Hier besuchte jener Mann, den die Fachleute der Welt heute als den ›Nestor der großen Architekten des 20. Jahrhunderts‹ bezeichnen, die Schule, und hier eröffnete er sein erstes Büro.

Der modernen Architektur ergeht es wie der modernen Malerei oder Musik: Über Werke, die die Fachwelt bejubelt, kann der Laie oft nur den Kopf schütteln. Auch auf Aaltos Bauwerke trifft dies zu: Oft wirken sie wenig einladend, denn sie sind funktionalistische Zweckbauten, nüchtern und schnörkellos. Bei genauerem Hinsehen jedoch erschließen sich auch andere Aspekte: Aalto versuchte durchaus, Zweckmäßigkeit mit Ästhetik zu verbinden. Und er stellte den Menschen in den Mittelpunkt seiner Architektur: Daß Licht im richtigen Winkel in die Räume fiel, daß Farben und Materialien miteinander harmonierten, war ihm ein zentrales Anliegen.

Im Aalto Museum in Jyväskylä sind diese Überlegungen anschaulich dokumentiert. Der Stadt, in der er seine Karriere begann, schenkte Aalto außerdem eine ganze Reihe öffentlicher Bauten, darunter das Stadttheater und die neuen Universitätsgebäude. Für Skeptiker eine gute Gelegenheit, der modernen Architektur eine Chance zu geben.

Die Wiege finnischer Kultur

Überhaupt werden die Künste in Jyväskylä großgeschrieben, nicht zuletzt, weil eine der großen Universitäten des Landes hier beheimatet ist. Als ein ›finnisches Athen‹ sieht Jyväskylä sich sogar – und auf jeden Fall als die Wiege finnischsprachiger Kultur.

Daß dies möglich war, hat viel mit der abgeschiedenen Lage der Stadt tief im Innern des Landes zu tun. Der Einfluß des Schwedischen, das sich an der West- und Südküste bis heute halten konnte, reichte nie bis hierher, und die Truppen Rußlands drangen erst spät in diese Wälder vor. Als Zar Nikolaus I. 1837 die Stadt Jyväskylä gründen ließ, hatte Finnland längst begonnen, sich als Nation zu begreifen, als Volk mit dem Recht auf die Verwendung sei-

△ Wasser, Wald und Wolken: Blick ins weite Land von der Laajavuori-Schanze bei Jyväskylä

Station auf der Saarijärvi-Route: das Steinzeitdorf Kivikauden Kylä ▽

△ Im Saunamuseum von Muurame wird volkstümliches Musiktheater geboten

Reichtum der Wälder: Holzschlepper bei Vaajakoski ▽

Beißt heute der Hecht? Nachwuchsangler an der Schleuse von Laajavokoski ▽

ner eigenen Sprache. So entstand hier 1858 das erste Gymnasium, an dem man Finnisch sprach und lehrte – damals eine kleine Sensation.

Urfinnisch: Sauna und Mökki

In Muurame, nicht weit von Jyväskylä, steht ein Museum, das einmalig auf der Welt sein dürfte: ein Saunamuseum. Doch wo, wenn nicht in Finnland, sollte es stehen? ›Sauna‹ ist die einzige finnische Vokabel, die in fast alle Sprachen der Welt übernommen wurde. Denn die Sauna, das ist in Finnland nicht einfach nur ein Ort des Schwitzens, sondern eine Lebenseinstellung.
Laut Statistik gibt es 1,5 Millionen Saunen im Land – bei nur fünf Millionen Einwohnern! Zu jedem größeren Fest, ob Weihnachten oder Mittsommer, gehört der Saunabesuch dazu. Und natürlich zum Urlaub in der Hütte (finnisch ›mökki‹) am See. Direkt vom Steg vor der Sauna springt man kopfüber ins kalte Wasser – und im Winter gar ins freigehackte Eisloch oder in den Schnee.

Von Mücken und Elefanten

Ferien an den Seen Finnlands: Da darf ein Thema nicht unerwähnt bleiben, von dem jeder, der einmal in den warmen Monaten in Skandinavien war, sein Lied zu singen weiß. Die Rede ist von Finnlands Mücken – und die wachsen in der Erinnerung gern zu Elefanten heran. Vom blutrünstigsten Tier der gesamten nördlichen Hemisphäre wird da erzählt, von Myriaden, die tagtäglich über Schutzlose herfallen, und von der Unmöglichkeit, den Stech- und Saugrüsseln auch nur eine Sekunde lang zu entkommen.
Zugegeben: 188 000 Seen bieten den sirrenden Quälgeistern beste Brutbedingungen. Richtig ist auch, daß sie zu bestimmten Tageszeiten (abends) und an bestimmten Stellen (vor allem im Wald) zu panikartigem Um-sich-Schlagen und den dazugehörigen Verwünschungen durchaus Anlaß geben können. Und doch kann man sich auch schützen: durch richtige Kleidung, geeignete Mückenmittel und das Zurückziehen in mückenfreie Unterkünfte. Ein Mückennetz vor dem Zelteingang beispielsweise kann Wunder bewirken!

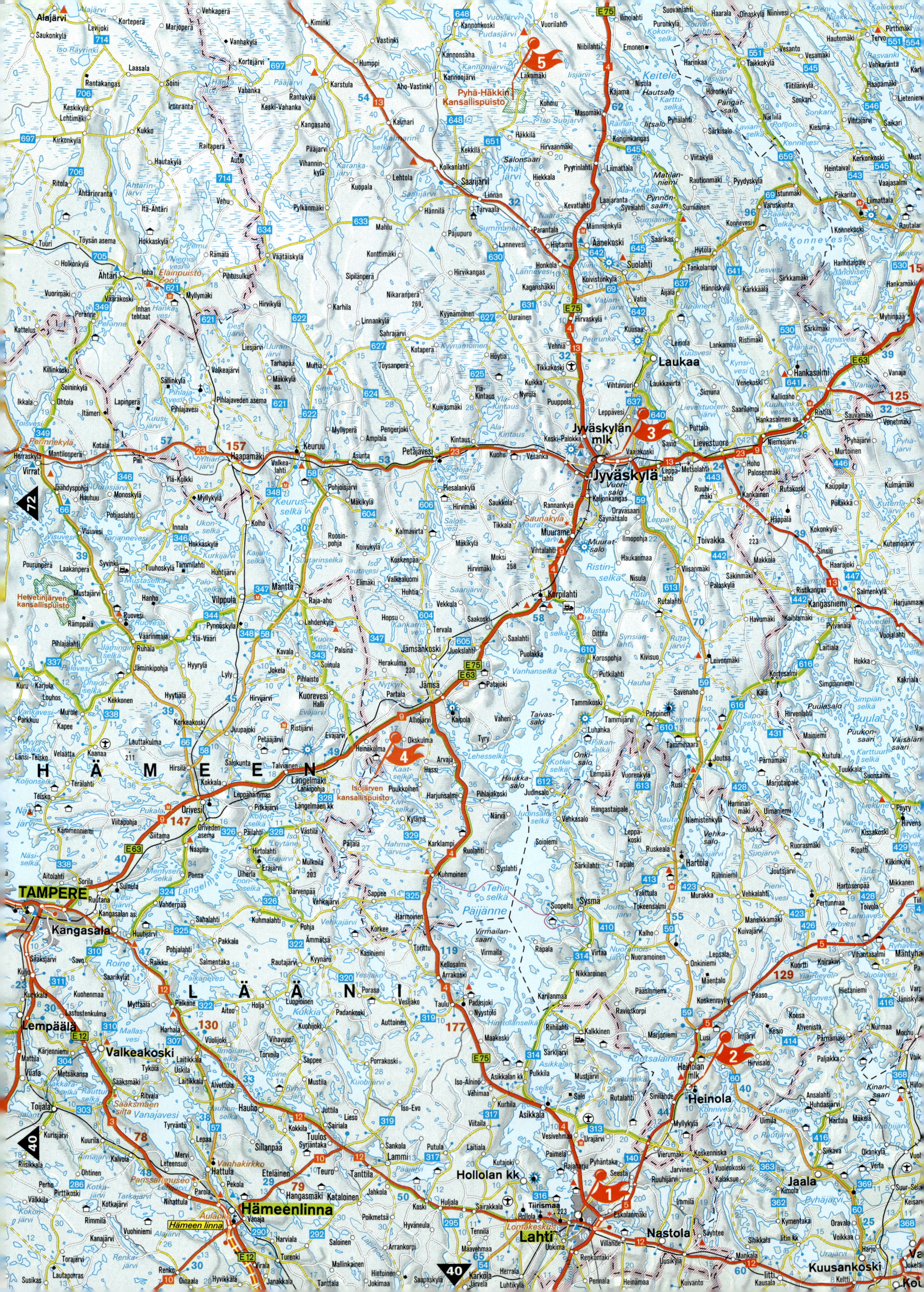

Alajärvi
Vehkaperä
Kiminki
Kannonkoski
Pudasjärvi
Pyhä-Häkin Kansallispuisto
Ilmolahti
Viitasaari
Suovanlahti
Haarala
Pirttimäki
Saukonkylä
Vastinki
Kannonsaha
Kannonjärvi
Lakomäki
Nibilahti
Emonen
Vesanto
Tervo
Hautomäki
Rantakangas
Soini
Karstula
Aho-Vastinki
Kalmari
Keitele
Hankamäki
Haapamäki
Keskikylä
Lehtimäki
Kangashäkki
Kohmu
Masomäki
Pihtipudas
Kiesimä
Vintajärvi
Saikari
Kirkonkylä
Kukko
Raitapera
Päajärvi
Häkkilä
Hirvaanmäki
Kongkinkangas
Koivisto
Rautionmäki
Pyydyskylä
Istunmäki
Pakarila
Ritola
Hautakylä
Vihanninkylä
Saarijärvi
Lehtola
Kolkanlahti
Pyörylinlahti
Liimattala
Kuusjärvi
Lamminmäki
Ähtärinranta
Ita-Ähtäri
Vehu
Kuopala
Linnan
Hiekkala
Kevätlahti
Laajaranta
Syvälahti
Sumiainen
Konnevesi
Varuskunta
Kaasakankylä
Tuuri
Töysän asema
Pylkönmäki
Mahlu
Pajupuro
Hännilä
Tarvaala
Parantala
Mämmenkylä
Äänekoski
Hytölä
Holkonkylä
Ähtäri
Ähtärin Eläinpuisto Zoo
Rämälä
Väätäiskylä
Konttimäki
Lannevesi
Honkola
Hietama
Suolahti
Tankolampi
Sirkkamäki
Myllymäki
Pihtisulku
Sipilänpera
Hirvikangas
Kagersbäkki
Koivistonkylä
Häniskylä
Kärkkäälä
Vuorimäki
Inha
Hirvikylä
Karhila
Nikaranperä
Kyynämöinen
Uurainen
Vatia
Äijälä
Peranne
Linnankylä
Hirvaskylä
Kuusaa
Ristimäki
Kattelus
Liesjärvi
Sahrajärvi
Vehmas
Lankamaa
Leivola
Myhinpää
Killinkoski
Tarhapää
Mäkikylä
Muthi
Kotapera
Laukaa
Hankasalmi
Soininkylä
Valkeajärvi
Töysanperä
Höytiä
Tikkakoski
Ikkala
Ohtola
Sällinkylä
Pihlajaveden asema
Kuikka
Vihtavuori
Laukkavirta
Simuna
Venekoski
Itämeri
Lapinperä
Pihlajavesi
Kuivasmäki
Ylä-Kintaus
Nyrölä
Puuppola
Saarilampi
Kalliosalmi
Ristilä
Sauvamäki
Leppävesi
Myllypera
Pengerjoki
Jyväskylän mlk
Puttola
Hankasalmen as.
Pyhäjärvi
Peninkylä
Kotala
Ampiala
Kintaus
Keski-Palokka
Savio
Lievestuore
Niemisjärvi
Murtoinen
Herraskylä
Mantilopera
Pihi
Haapamäki
Keuruu
Asunta
Petäjävesi
Kuohu
Vesanka
Jyväskylä
Vaajakoski
Metsolahti
Palosenmäki
Virrat
Ylä-Kolkki
Valkealahti
Pohjoisjärvi
Piesalankylä
Vuori-salo
Kuusilahti
Kuikkasilta
Jaahdyspohja
Mäkikylä
Hirvimäki
Saukkola
Rannankylä
Kelionkangas
Säynätsalo
Ruuhimäki
Kankainen
Rutakoski
Kauppila
Pakkala
Haapamäki
Pohjaslahti
Innala
Kolho
Kalmavirta
Tikkala
Saunakylä
Oravasaari
Häppälä
Kokonkylä
Visuvesi
Hokkaskylä
Roobinpohja
Mäkikylä
Muurame
Ilmopohja
Toivakka
Sinisjo
Kulkumajärvi
Pouruinperä
Syvinki
Tuuhoskylä
Tammilahti
Koivukylä
Kuskenpaa
Moksi
Vintalahti
Haukanmaa
Haarajoki
Laakonpera
Huhtijärvi
Elimäki
Valkeakiuomi
Hirvimäki
Muurat-salo
Ristin-selkä
Vilsanmäki
Sakinmäki
Makkola
Salmenkylä
Mustajärvi
Helvetinjärven kansallispuisto
Hanho
Vilppula
Mänttä
Raja-aho
Huhtia
Vekkula
Korpilahti
Nisula
Palaskylä
Ristikangas
Kangasniemi
Harjunmaa
Ruovesi
Rämppaa
Pynnoskylä
Lahdenkylä
Hopsu
Saakoski
Rutalahti
Havumäki
Pyyvaala
Vuojärvi
Väärinmaja
Ylä-Vaari
Palsina
Jämsänkoski
Jukolahti
Saalahti
Oittila
Pihlajalahti
Ruhala
Kavala
Suinula
Herrakulma
Puolakka
Korospohja
Kivisuo
Laitiala
Hokka
Jäminkipohja
Hyyrylä
Jokela
Pihlaisto
Patajoki
Putkilahti
Kortesalmi
Kuru
Karjula
Louhos
Kekkonen
Lyly
Kuorevesi
Jämsä
Partala
Tammikoski
Savenaho
Simpiänniemi
Parkkuu
Kapee
Hyytiälä
Hirvijärvi
Ahvenlahti
Ahlolarvi
Kaipola
Väheri
Taivas-salo
Tammijärvi
Pappinen
Sarkamaki
Puulavesi
Puula
Korkeakoski
Juupajoki
Ristijärvi
Evajärvi
Heinäkylä
Okskulma
Tyry
Luhanka
Hirvenlahti
Mainiemi
Väjsälänsaari
Kaanaa
Lauttakulma
Petäjärvi
Lehessalo
Onkisalo
Tammihaara
Joutsa
Kuitula
Sahrakulma
Velaatta
Lansi-Teisko
Hirsilä
Saikonta
Talviainen
Kaatselkä
Arvaja
Hassi
Haukka-salo
Lempää
Vuorenkylä
Parnamaki
Tuukkala
Suonsalmi
Teräslahti
Langelmäki
Langelmaen kk
Isojärven kansallispuisto
Puukkoinen
Judinsalo
Pihlajakoski
Rusi
Marjotaipale
Teisko
Kokkola
Oriveisi
Leppähammas
Pitkäjärvi
Harjunsalmi
Hangastaipale
Harrinmaa
Ulmanlemi
Viitapohja
Siitama
Urveden asema
Pälläsi
Västilä
Kylämä
Närvä
Vehkasalo
Niemistenkylä
Nokka
Kissakoski
Kämmenniemi
Naapila
Hirtolahti
Palaja
Karklampi
Ruolahti
Leppakoski
Ruskeala
Ruorasmäki
Ripatti
Nasijärvi
Aitolahti
Ponsa
Erajärvi
Mulkoila
Kuhmoinen
Syslahti
Särkilahti
Taipale
Hartola
Ruhinlemi
Joutsjärvi
Hartosenpää
Sorila
Tampere
Ruutana
Sulkula
Järvenpää
Vehkajärvi
Sappee
Tehinselkä
Suopelto
Sysmä
Vaittula
Tokeensalmi
Murakka
Vehkalahti
Pertunmaa
Lahnavesi
Kangasala
Kangasalan as.
Vanderpää
Sahalahti
Kuhmalahti
Pohja
Harmoinen
Päijänne
Joutsjärvi
Kalho
Mansikkamaki
Kuivajärvi
Hytönen
Kangasala
Huutjarvi
Pohjalahti
Pakkala
Ammatsa
Korkee
Virmailansaari
Rapala
Leppsila
Rauhala
Vihantasalmi
Mäntyharju
Sääksjärvi
Savo
Raikku
Salmentaka
Rautajärvi
Kyynärö
Kasiniemi
Torittu
Virmaila
Virtaa
Nuoramoinen
Onkiniemi
Kuortti
Koirakivi
Sarkijärvi
Kuohenmaa
Myttäälä
Pälkäne
Aitoo
Holja
Luopioinen
Porasa
Vesijako
Kellosalmi
Arrakoski
Nikkaroinen
Pääsinniemi
Maentalo
Hietaniemi
Kurkkula
Lempäälä
Kostentenkulma
Harhala
Kuohijoki
Padankoski
Auttoinen
Taulu
Padasjoki
Nyystolä
Karilanmaa
Raviaskorpi
Koskenpyyly
Paaso
Karjenniemi
Valkeakoski
Vuolijoki
Vihavuosi
Sappee
Riihilahti
Kalkkinen
Marjoniemi
Kesiö
Ahvenlsta
Parmamäki
Nurmaa
Mattila
Tykölä
Urkila
Tuhlaja
Sattula
Porrakoski
Sarkijärvi
Asikkala
Pulkkila
Heinola mlk
Heinola
Hirvisalo
Paljakka
Koiso
Viiala
Metsäkansa
Sääksmäki
Laitikkala
Alvettula
Mustila
Iso-Äiniö
Vähimaa
Asikkalan kk
Mustjärvi
Sale
Rutalahti
Siiliihde
Jyrängö
Ansalahti
Kinansaari
Toijala
Ritvala
Hauho
Juttila
Lieso
Iso-Evo
Kurhila
Vesivehmaa
Myllykylä
Hahlmaa
Urajärvi
Hirtola
Mäkelä
Kurisjärvi
Tyrvanto
Lepää
Sillanpää
Tuulos
Syrjäntaka
Kokkila
Sairaala
Sankola
Lammi
Putula
Laitiala
Paimela
Vierumäki
Koskenniska
Uimila
Sukiva
Okanaya
Vierumäki
Kuurila
Kalvola
Mervi
Leteensuo
Vanhakirkko
Hattula
Tuulos
Teuro
Tanttila
Jahkola
Hollolan kk
Kutajoki
Pyhäntaka
Seesta
Ruuhijärvi
Vuolenkoski
Kalaksua
Jaala
Vuolenkoski
Verla
Sippola
Risikkala
Perho
Ohtinen
Parola
Pekola
Etelainen
Katalainen
Huljala
Tiirismaa
Hollola
Kärkölä
Herrala
Luhtikylä
Lahti
Ukkola
Villähde
Nastola
Sayhtee
Kausala
Kuusankoski
Kouvola
Pirttikoski
Kotkajärvi
Rimmilä
Vuohiniemi
Hämeenlinna
Panssarimuseo
Aulanko
Vanaja
Harviala
Salonen
Arrankorpi
Hyväneula
Rautila
Tennilä
Maavehmaa
Lomakeskus
Pennala
Heinämaa
Renkomäki
Ylläkenaja
Mankala
Hillo
Iitti
Kimola
Torajärvi
Susikas
Lautaporras
Renko
Janakkala
Turenki
Mallinkainen
Hietoinen
Hyvikkälä
Sappaslynkkä
Jokimaa
Tanttala
Kylylä
HÄMEEN
LÄÄNI

Wo gibt es was?

Fähnchennummer = Textnummer ℹ = Auskunft

Lahti ①

International bekanntes Wintersportzentrum in schöner Lage am Bergrücken Salpausselkä (›Umfriedungsberg‹) und an der Südspitze des Vesijärvi-Sees. 1923 fanden hier erste internationale Winterspiele statt, danach mehrfach Skiweltmeisterschaften. Lahti besitzt einen überregional bedeutenden Radiosender, von dessen Geschichte das in der alten Sendestation auf dem Salpausselkä untergebrachte Rundfunkmuseum berichtet (mo–fr 10–17, sa/so 11–17 Uhr).

Geschichte: Erst 1905 erhielt Lahti, das schon im 16. Jh. als Siedlung am Handelsweg nach Vyborg bekannt war, Stadtrechte. Die wichtigsten Impulse für den rasanten Aufstieg der Stadt im 20. Jh. (1910: 4000 Ew., heute 95 000) gaben der Anschluß an die Eisenbahn und der Bau des Vääksy-Kanals.

Sehenswert, auch im Sommer, ist das Wintersportgelände mit drei Sprungschanzen (115, 90 und 64 m), drei Trainingsschanzen (38, 25 und 10 m), Skistadion und Sommerfreibad. Hochinteressant ist das angeschlossene Skimuseum (mo–fr 10–17, sa/so 11–17 Uhr), das von den ältesten Ski der Eskimos bis zu den skurrilsten Neuentwicklungen alles zum Thema Wintersport zeigt.

In der Stadt selbst lohnen Eliel Saarinens Rathaus (1912; 1985 renoviert; Führungen fr 14–15 Uhr) und die Kirche des Kreuzes (Ristin Kirkko) den Besuch. Die 1978 fertiggestellte Kirche ist der letzte größere Entwurf des 1976 verstorbenen Alvar Aalto. Ihren Namen trägt sie nach den zu einem Kreuz zusammengefügten, die 52 Wochen des Jahres symbolisierenden Fenstern (tgl. 10–15 Uhr). In einem ehemaligen Herrenhaus, 1897 von H. Åberg für den Industriebaron August Fellmann errichtet, ist das Historische Museum untergebracht. Es zeigt Gegenstände aus der Provinz und aus dem Museum des heute russischen Vyborg (mo–fr 10–17, sa/so 11–17 Uhr). Finnische Kunst des 19. und 20. Jh. (Akseli Gallén-Kallela, Juho Rissanen, Eero Järnefelt u. a.) sammelt das städtische Kunstmuseum (gleiche Öffnungszeiten). Familien mit Kindern besuchen den von Sozialarbeitern betreuten Familienpark Launeen Perhepuisto (Sommer mo–fr 9–20, sa 11–15, so 10–16 Uhr).

Bootsausflüge: Schöne Landschaftserlebnisse bieten die Touren durch das Seengebiet des Päijänne; das Angebot reicht von kleineren Rundtouren bis zu Tagestouren nach Heinola und Jyväskylä. Abfahrt vom Anleger Matkustaja Satama.

Veranstaltungen: Finlandia-Lauf (Mitte Febr.), Orgelwochen (Ende Juli).

Sport: Paddelzentrum Joutjärvi; Paddelkurse und Bootsverleih durch Timo Riikonen, Tel. 498618. Weitere Sportangebote (Reiten, Sommerrodeln) im Ferienzentrum Messilä; dort auch gute Einkaufsmöglichkeiten (Keramik, Schmuck, Holz).

Umgebung: In *Hollola* (20 km nordwestl.) steht eine der größten mittelalterlichen Dorfkirchen Finnlands. Die im 14. Jh. aus Feldsteinen mit reichem Blendenschmuck im Giebelbereich errichtete zweischiffige Kirche birgt Malereien aus dem 15. Jh., die allerdings schlecht erhalten sind. Gegenüber ein im nationalromantischen Stil errichtetes Gemeindehaus (1902).

ℹ Tourist Information, Torikatu 3b, FIN-15111 Lahti.

Heinola ②

Idyllisch zwischen zwei Seen gebettete Kleinstadt (16 000 Ew.), die vor Lahti 1776 bis 1843 Sitz des Verwaltungszentrums war. Sehenswert die beiden Holzkirchen: Die Kirche der Stadtgemeinde wurde 1811 fertiggestellt, die ältere Landgemeindekirche (1755) entwarf Arvi Junkarinen.

Jyväskylä ③

Hauptstadt Mittelfinnlands (72 000 Ew.) in landschaftlich reizvoller Lage am Nordende des Päijänne-Sees. Bedeutende Kongreß- und Universitätsstadt: Rund ein Viertel der Einwohner sind Schüler und Studenten; ein etwas hochtrabender Beiname der Stadt lautet ›finnisches Athen‹.

Geschichte: Stadtgründung 1837 durch Zar Nikolaus I., u. a. als Ausgangspunkt für Jagdexkursionen des Petersburger Hofs in die Umgebung. 1858 Gründung eines finnischsprachigen Gymnasiums, worauf die große Bildungstradition der Stadt (Hochschule 1934; Universität 1968) basiert.

Sehenswert: Alvar Aalto (1898–1976), einer der wichtigsten modernen Architekten der Welt, besuchte in Jyväskylä die Schule. 1923 eröffnete er hier sein erstes Büro, und kurz vor seinem Tod entwarf er für die Stadt noch sein eigenes Museum (di–so 11–18 Uhr; häufig Sonderausstellungen). Nirgends im Land ist sein Wirken besser dokumentiert als in Jyväskylä, auch anhand der hier von ihm geschaffenen öffentlichen Bauten. Sein erster wichtiger Auftrag war das Haus des Arbeitervereins (1923/25); mit seinem geschlossenen Oberbau und den von dorischen Säulen gerahmten Fensterflächen im unteren Teil erinnert es an einen italienischen Renaissancepalast. Das Aira-Haus (1923/24), eine Wohnanlage für Eisenbahner, ist dagegen streng klassizistisch. Die Hauptpost (1927/29), zunächst als Schutzkorpshaus konzipiert, zeigt bereits Aaltos Übergang zum Funktionalismus.

Auf dem Höhepunkt seines Schaffens befand sich Aalto 1951 bei der Erweiterung des Universitätsgeländes. Die Bauten besitzen klare Formen; Holz, Glas und Backstein sind kontrastreich zu einem dennoch harmonischen Gesamtbild zusammengefügt. Als Musterbeispiel für Aaltos Innenraumkonzeption gilt das Foyer des Hauptgebäudes. Zu Aaltos letzten Werken gehören das Mittelfinnische Museum (Keski Suomen museo, 1959/61; di–so 11–18 Uhr) und das erst nach seinem Tod fertiggestellte Städtische Theater (1978).

Zwei weitere interessante Museen sind das Finnische Trachtenzentrum (Volkstrachten und ihre Entstehung) und das Museum für Handwerk und Kunstgewerbe (beide di–so 11–18 Uhr).

Veranstaltung: Sommerfestspiele (Musik, Theater; Mitte Juli).

Bootsausflüge: Tagestouren auf dem Päijänne bis nach Lahti und Heinola; außerdem 2- bis 3-stündige Stadtrundfahrten.

Umgebung: In *Vaajakoski* (6 km östl.) am Ufer des Päijänne die aus 30 traditionellen Bauernhäusern bestehende Siedlung Savutuvan Apaja, die Einblick in das Landleben vergangener Tage bietet (5.6. bis 7.8. so–fr 11–18 Uhr). Im Feriendorf *Tikkakoski* (16 km nördl.) Luftfahrtmuseum mit alten Flugzeugen und vielen Objekten zur Geschichte der finnischen Luftfahrt (1.6. bis 15.8. tgl. 10–20 Uhr, sonst 11–17 Uhr). In *Muurame* (13 km südl.) ein einzigartiges Saunamuseum mit Wissenswertem zu Geschichte und Typen der finnischen Sauna (Juni–Aug. tgl. 10–18 Uhr). Eine der schönsten Holzkirchen Finnlands steht in *Petäjävesi* (36 km westl.). Der schindelgedeckte, innen schlichte Bau (1764; von Jaakko Leppänen d. Ä.) steht auf der Unesco-Weltkulturerbe-Liste (Juni–Aug. tgl. 10–17 Uhr).

ℹ Tourist Information, Asemakatu 6, FIN-40100 Jyväskylä.

Isojärvi Nationalpark ④

Nahe der Hauptstraße nach Tampere, im Einzugsbereich der Päijänne-Seen, liegt dieser 1982 eingerichtete Nationalpark (Zufahrt über *Kuhmoinen*, 72 km südl. von Jyväskylä). Er bietet Gelegenheit zu schönen Wanderungen durch unterschiedliche Waldformen.

Pyhä-Häkki Nationalpark ⑤

Durch vergleichsweise karges Gebiet führen die Wanderwege dieses Parks (Zugang über *Saarijärvi*, 64 km nordwestl. von Jyväskylä). Er liegt leicht erhöht auf einer Wasserscheide.

Kanutouren: Die Seen in der Umgebung sind hervorragend geeignet für längere Kanuwanderungen. Am Zeltplatz *Kyyjärvi* (54 km nordwestl. Saarijärvi) beginnt die Saarijärvi-Route (70 km, beliebig zu verlängern oder verkürzen); Endpunkt ist die Ferienhaussiedlung Summassaari. 140 km sind auf der Keitele-Tour von *Äänekoski* (36 km östl. Saarijärvi) nach Muurasjärvi zurückzulegen; bis zu 360 km, je nach Zeit und Neigung, auf der Savonselkä-Route.

Maßstab 1:800.000 — 0 10 20 30 40 km

In alle Ewigkeit zur Seefahrt verdammt: Wagners ›Fliegender Holländer‹ vor mittelalterlicher Kulisse im Burghof der Festung Olavinlinna.

Von Savonlinna durch die Saimaa-Seenplatte

Savonlinna, die alte schwedische Grenzstadt im Herzen der Saimaa-Seenplatte, bietet Höhepunkte der Kunst und der Natur. Unvergleichlich sind die Fahrten durch das größte Seengebiet Europas: 33 000 Inseln befinden sich hier – und auf vielen steht ein hölzernes Ferienhaus. Zu Stadtbesuchen laden Mikkeli, Lappeenranta und Imatra ein. Doch keine erreicht die Ausstrahlung von Savonlinna, dessen Wasserburg in ganz Skandinavien ihresgleichen sucht.

△ *Savonlinna: Eine der berühmtesten Burgen Skandinaviens ist die Olavinlinna*

△ *Statue des hl. Olaf in der Burg*

Auch die Straßenmusik lebt auf zur Festspielzeit ▽

△ Madonna aus Vyborg im Burgmuseum

Russisches beim Opernfestival ▽

Finnland wird das ›Land der Tausend Seen‹ genannt – und der Saimaa der ›See der Tausend Inseln‹. Wo genau er beginnt und endet, wie groß der eigentliche See ist und wie weit das auf der Karte unentwirrbar wirkende System aus Nebenarmen, Buchten und Kanälen reicht, das man dem Saimaa zurechnet, all das weiß wohl niemand ganz genau. Sicher ist dagegen, daß er überaus populär ist: Die Saimaa-Seenplatte ist die meistbesuchte Region im Landesinneren.
Genau im Herzen dieses gewaltigen Flickenteppichs aus Wald und Wasser hockt Savonlinna wie eine Spinne im Netz. Von dieser Lage, deren verkehrstechnische Bedeutung in vergangenen Jahrhunderten kaum überschätzt werden kann, profitieren die Saimaa-Schiffer – heute wie einst und im Personenverkehr ebenso wie im Warentransport. Denn irgendwie scheinen alle Wege, die aus dem Binnenland zur Ostsee führen oder umgekehrt, über Savonlinna zu verlaufen.

Festspielfieber in Savonlinna

Festspielzeit in Savonlinna: Die Stadt platzt aus allen Nähten. 30 000 Einwohner zählt der Ort – bis zu 80 000 Opernbesucher kommen im Juli hinzu. Zentraler Schauplatz des Geschehens ist der Innenhof der ›Olavinlinna‹, der Burg des heiligen Olaf. Dort geben sich die internationalen Opernstars alljährlich die Ehre, Savonlinnas Ruf als ›Bayreuth des Nordens‹ zu rechtfertigen. Ein riesiges Segeltuchdach schützt Bühnen- und Zuschauerraum vor schlechtem Wetter: Don Carlos und der Fliegende Holländer sollen nicht im Regen stehen.
Savonlinna im Juli: Einmal mehr wird hier die Vermutung, daß die Finnen ein festspielvernarrtes Volk sind, bestätigt. 1975 aus der Taufe gehoben, war auch dieses Festival von Beginn an so erfolgreich, daß man schon bald weitere Spielstätten in der Nähe schaffen mußte. Trotzdem sind fast alle Aufführungen ausverkauft – meist Wochen im voraus.

Die Burg des heiligen Olaf

Auch wer kein Opernbillet besitzt, sei beruhigt: Man kann die Olafsburg auch auf ganz normalem

△ Einst Lustschloß, heute Restaurant: Rauhalinna

△ Sichtung für den Transport: Die Holzwirtschaft spielt im Saimaa-Gebiet eine Hauptrolle

Ende Juli blüht der Raps ▽

△ In Kerimäki steht die größte Holzkirche der Welt

Rückkehr nach Savonlinna: eines der vielen Schiffe der Saimaa-Flotte ▽

Wege besuchen. Im Halbstundentakt starten die Führungen – auch in Englisch, Deutsch oder Französisch –, und man sollte sie nicht verpassen: Denn der auf einem Granitbuckel vor der Stadt schwimmende, von Rundtürmen bewehrte Koloß gilt als die besterhaltene mittelalterliche Festung ganz Skandinaviens.

Dabei hat diese Burg einige Prüfungen hinter sich. 1475, als man mit ihrem Bau begann, stritten Rußland und Schweden hier um den Verlauf der Grenze. Die Schweden gewannen den Kampf – 1639 gründete Per Brahe die Stadt zu Füßen der Burg –, jedoch setzten Krieg und Brände der Festung weiterhin zu und veränderten ihr Bild immer wieder. Und als sie irgendwann militärisch bedeutungslos wurde, machte man ein Gefängnis aus ihr – und vergaß sie.

Doch dann entdeckten burgenbegeisterte Romantiker die grau-braunen Mauern: Im späten 19. Jahrhundert wurde die Olavinlinna plötzlich als Reiseziel populär. Bis zu ihrer endgültigen Wiederherstellung sollten aber noch viele Jahre vergehen: 1975, genau zu ihrem 500. Geburtstag und nach vierzehnjähriger Renovierung, wurde sie als Museum, Kongreß- und Opernbühne ihrer neuen Nutzung übergeben.

Nicht nur Nebenschauplätze

Unter den Ausweichbühnen, die für das Savonlinna Festival genutzt werden, sind zwei von besonderer Bedeutung: der 800 Sitzplätze bietende, tief unter der Erde gelegene Felsensaal des Kunstzentrums Retretti (übrigens das größte Ausstellungszentrum für zeitgenössische Malerei und Grafik in Skandinavien) und vor allem die Holzkirche von Kerimäki.

Als sie gebaut wurde – man schrieb das Jahr 1847 –, lebten 800 Seelen im weiteren Einzugsbereich der Pfarrei. Warum deshalb eine Kirche errichtet wurde, die über sage und schreibe 3000 Sitzplätze verfügt? Die als größte Holzkirche der Welt im Buch der Rekorde auftaucht? Die bei Konzerten auch schon einmal 5000 Menschen Platz bietet? Böse Zungen haben dem Stifter der Kirche, einem nach Amerika ausgewanderten Bürger der Gemeinde, unterstellt, er sei in der Neuen Welt dem

△ Der Punkaharju, ein eiszeitlicher Landrücken, ist ein nationales Symbol Finnlands

△ Zur Vogelbeobachtung ideal: das Schutzgebiet von Parikkala

Die Musto-Schleuse bei Lappeenranta öffnet den Weg in den Saimaa-Kanal ▽

Einmal am Tag wird der Staudamm vom Imatra geöffnet ▽

Mittelalter-Romantik stand Pate beim Bau des Valtion-Hotels, einst ein russisches Staatshotel, in Imatra ▽

Größenwahn verfallen. Vielleicht aber handelte es sich nur um ein Versehen: Der vom Stifter beauftragter Architekt Anders Granstedt war es gewohnt, in Metern zu rechnen. Der Stifter aber beschriftete seine Planskizze mit Angaben in – dreifach kleineren – englischen Fuß.

Symbol Punkaharju

Gleich um die Ecke ein Meisterstück der Natur: der Punkaharju. Auf einer Länge von sieben Kilometern trennt dieser schmale eiszeitliche Hügelrücken die beiden Seen Puruvesi und Pihlajavesi voneinander. Auf dem Damm, der an einigen Stellen nur wenige Meter breit ist, verlaufen Bahngleise und eine Panoramastraße.
Niemand, der in Südfinnland unterwegs war, sollte diese Fahrt versäumt haben. Zumindest sollte er es keinem Finnen gegenüber zugeben. Denn der Punkaharju ist den Finnen so wichtig wie den Amerikanern der Grand Canyon oder den Schweizern das Matterhorn. Für sie symbolisiert er die klassische finnische Landschaft schlechthin: Wasser, Wald und Felsen in natürlicher Harmonie.

Empfindliches Gleichgewicht

33 000 Inseln, über 3 000 Kilometer markiertes Fahrwasser und gut 3 000 Ferienhäuser soll es im Saimaa-Gebiet geben: die denkbar besten Voraussetzungen für einen Urlaub am und auf dem Wasser. Alle größeren Orte sind durch den Linienverkehr der Saimaa-Flotte miteinander verbunden; und auf dem lange geschlossenen Saimaa-Kanal kann man ab Lappeenranta sogar Tagesfahrten bis hinüber ins russische Vyborg an der Küste des Finnischen Meerbusens unternehmen.
Doch muß man seinen Radius gar nicht so weit stecken, um das eigentlich Reizvolle dieses Wasserlabyrinths zu entdecken. Weitaus mehr sieht nämlich derjenige, der im Kanu die Seen, Kanäle und Buchten erforscht. Im Nationalpark Linnansaari zum Beispiel kann man mit etwas Glück der Saimaa-Robbe begegnen, einer von nur zwei Süßwasser-Robbenarten auf der Welt; rund 150 Tiere zählte man bei der letzten Bestandsaufnahme. Mittlerweile wieder in großer Zahl anzutreffen sind

△ Puumala im Herzen der Saimaa-Seenplatte: Bootsschuppen, eine Brücke mit Fahrstuhl ... ... und in Birkenwäldern am Wasser die Verstecke der Urlauber ▽

△ Aus Birkenrinde fertigt man Schuhe und andere nützliche und schöne Dinge

△ Nationale Gedenkstätte: Mannerheims Hauptquartier

Austausch von Neuigkeiten: Markttag in Mikkeli ▽

auch die Biber – sie galten bereits als ausgerottet –, die Fischotter und die im Saimaa-Gebiet mit der größten Population Finnlands vertretenen Fischadler.

Um den Schutz ihrer Lebensräume – das heißt hier vor allem: die Reinhaltung der Gewässer von den Schadstoffeinleitungen der Holz- und Zellulose-Industrie – hat man sich in den vergangenen Jahren ernsthaft bemüht. Zwar erst nach alarmierenden Befunden, aber immerhin mit Erfolg: Die Wasserqualität fast aller finnischen Seen ist wieder deutlich gestiegen.

Nationalheld Mannerheim

Irgendwann, und sei es nur, um Proviant aufzufrischen, wird man Hütte und Paddelboot auch einmal für einen Tag verlassen und sich aufmachen zum Stadtbesuch. Nach Imatra zum Beispiel, um bei der spektakulären täglichen Staudammöffnung dabeizusein. Oder nach Lappeenranta, der schon im Karelischen liegenden alten Festungsstadt mit ihren kopfsteingepflasterten Gäßchen. Hinter der Stadt steigt der bis hinüber nach Lahti reichende Salpausselkä-Höhenzug an, der die Finnische Seenplatte wie ein dicker Riegel von der Ostseeküste trennt.

Wer an finnischer Geschichte interessiert ist, sollte auch Mikkeli aufsuchen. Architektonisch hält die am Westrand der Saimaa-Region liegende Marktstadt zwar keine Offenbarungen bereit, jedoch betritt man im alten Schulhaus einen heiligen Ort der Nation: Hier hatte Carl Gustaf Emil Mannerheim sein Hauptquartier – und alles scheint noch dazuliegen auf seinem Schreibtisch wie einst.

Marschall Mannerheim ist einer der großen Staatsmänner Finnlands. 1918 verhinderte er eine finnische Oktoberrevolution – mit kriegerischen Mitteln zwar, aber zum Nutzen, wie man es heute einhellig beurteilt, der gerade erst befreiten Nation und der jungen finnischen Demokratie. Vor allem aber verteidigte er Finnland im Zweiten Weltkrieg gegen die Übergriffe der Sowjetunion unter Stalin. Von 1944 bis 1946 übernahm er, in einer schwierigen Zeit, als Staatspräsident sogar die Verantwortung für das ganze Land.

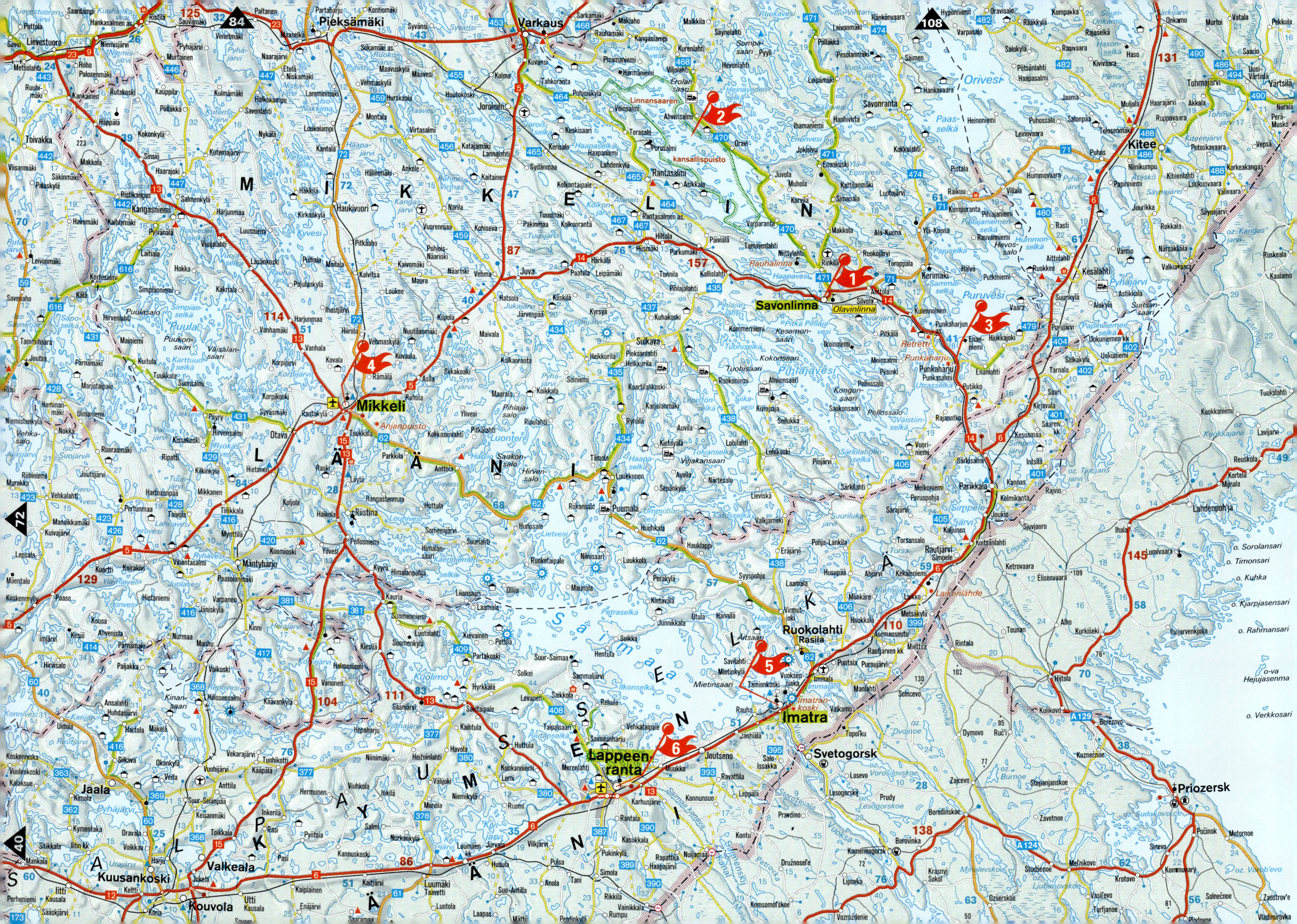

Pieksämäki
Varkaus
Kitee
Savonlinna
Olavinlinna
Rauhalinna
Retretti
Punkaharju
Linnansaaren
kansallispuisto
Mikkeli
Anianpuisto
Parikkala
Ruokolahti
Rasila
Imatra
Imatrankoski
Svetogorsk
Lappeenranta
Priozersk
Jaala
Kuusankoski
Valkeala
Kouvola
Orivesi
Puruvesi
Pihlajavesi
Saimaa
M I K K E L I N
L Ä Ä N I
E T E L Ä - K A R J A L A
K Y M E N
S A I M A A
84
108
72
40

Wo gibt es was?

Fähnchennummer = Textnummer   ❶ = Auskunft

Savonlinna ①

Fremdenverkehrsort (30 000 Ew.) im Herzen der Saimaa-Seenplatte; Knotenpunkt der Saimaa-Binnenschiffahrt. Außerdem Handels- und Dienstleistungszentrum der Region sowie international bekannter Festspielort.

Geschichte: Der von schwedischen Militärs begründete Ort (Stadtrechte 1639 durch Per Brahe) entwickelte sich im Schutz der Olafsburg (Olavinlinna). Sie lag jahrhundertelang im Spannungsfeld schwedischer und russischer Interessen: Der gesamte, über die Haukivesi- und Orivesi-Seen verlaufende Holzhandel mit den nördlichen Gebieten ließ sich von hier kontrollieren. Im Nordischen Krieg (1700/21), endgültig 1743, fiel Savonlinna an Rußland, 1812 an das Großfürstentum Finnland.

Sehenswert ist vor allem die berühmte Burg Olavinlinna auf der Insel vor der Stadt (Verbindung für Fußgänger über eine Pontonbrücke). 1475 von Axelsson Tott begonnen, hielt sie 150 Jahre allen Angriffen stand. 1714 jedoch Eroberung durch die Russen, danach Ausbau und weitere Verstärkungen. Ab 1812 Nutzung u. a. als Gefängnis, danach mehrere Brände und Verfall. Umfassende Renovierung 1960 bis 1975. Innen ein sehenswertes Burgmuseum sowie eine Sammlung orthodoxer Sakralgegenstände (1.6.–15.8. 10–17, sonst 10–15 Uhr; Führungen).

Auf der Halbinsel gegenüber der Burg das Provinzmuseum im alten Kornspeicher; am Kai davor drei historische Schiffe (Salama, Savonlinna und Mikko; Juli tgl. 10–20, sonst di–so 11–17 Uhr). Weiter stadteinwärts der neugotische Dom (1878), ein dreischiffiger Backsteinbau von A. H. Dalström (Juni–Aug. tgl. 10–18 Uhr).

Veranstaltung: Internationale Opernfestspiele mit Aufführungen u. a. im Hof der Burg (Juli/Aug.).

Tip: Im Sommer werden Rundflüge im Wasserflugzeug angeboten; der Startplatz liegt am Hafen.

Bootsausflüge: Vom Stadthafen am Marktplatz starten im Sommer Schiffe zu Fahrten um den Burgfelsen und weiter durch das Seengebiet. Eine gut einstündige Tour führt zur Halbinsel Lehtiniemi (16 km nordwestl.) mit dem zauberhaft gelegenen Lustschlößchen *Rauhalinna* (1897 bis 1900). Die einstige Sommervilla eines zaristischen Generals ist ganz aus Holz gebaut und zeigt kunstvolle Schnitzereien im byzantinischen Stil (Juni u. 1.8.–11.8. mo–sa 11–18, so 11–16 Uhr, Juli mo–sa 11–20, so 11–18 Uhr; auch mit dem Auto zu erreichen). In der Nähe das ehemalige Sommerhaus des Schriftstellers Joel Lehtonen (Juni/Juli di–so 11–17 Uhr).

Umgebung: In *Kerimäki* (17 km östl.) die mit über 3 000 Sitzplätzen und 27 m Dekkenhöhe größte Holzkirche der Welt (1.6. bis 18.8. mo–fr u. so 9–20, sa 9–18 Uhr).

Kanurouten: Eine Kombination aus Seen- und Flußfahrt bietet die ›Eichhörnchenroute‹ (Oravareitti; 52 km, Start in *Juva*, 65 km westl., Ziel Sulkava, ca. 40 km westl.). Eine Rundtour ist die 175 km lange ›Oravi-Route‹. Sie beginnt in *Oravi* (35 km nordwestl.) und führt an Savonlinna vorbei durch den Puruvesi-See und über Savonranta zurück zum Ausgangspunkt.

❶ Tourist Service, Puistokatu 1, FIN-57100 Savonlinna.

Nationalpark Linnansaari ②

Der Nationalpark besteht zum größten Teil aus urfinnischer Seenplatte und Inselwelt. Auf der Hauptinsel zwei markierte Wege (5,5 und 7 km) und ein 2 km langer Naturlehrpfad. Im Sommer mehrmals täglich Boote ab *Rantasalmi* (47 km nordwestl. Savonlinna; Fahrtdauer ca. 90 Min.).

Punkaharju ③

Eiszeitlicher Landrücken von 7 km Länge und bis zu 25 m Höhe zwischen den Seen Puruvesi und Pihlajavesi. Von der Dammstraße phantastische Aussicht auf die Seen. In der Nähe das Kunstzentrum *Retretti*, das in zum Teil unterirdisch angelegten Räumen Ausstellungen zu Design, Grafik, Malerei und Raumkunst präsentiert (24.5. bis 21.6 u. 1.8.–1.9. tgl. 10–18 Uhr, 22.6. bis 31.7. 10–19 Uhr). Daneben das Forstmuseum *Lusto* mit Ausstellungen zur Bedeutung des Waldes für Mensch und Umwelt (Mai–Okt. tgl. 10–18 Uhr, Nov. bis April di–so 10–17 Uhr).

Umgebung: Bei *Parikkala* (20 km südl.) das Vogelschutzgebiet Siikalahti mit ausgeschilderten Pfaden und Beobachtungstürmen (Anfang Mai nur sa/so, 16.5.–1.8. tgl. 8–15 Uhr; auch geführte Touren).

Mikkeli ④

Provinzhauptstadt (35 000 Ew.) und nach dem hl. Michael benannte Bischofsstadt (seit 1945). Nach schweren Kriegszerstörungen großteils mit nüchternen Zweckbauten wiederaufgebaut.

Geschichte: Spätestens im 13. Jh. gab es hier Niederlassungen am Handelsweg von Vyborg nach Hämeenlinna. 1834 Stadtrechte (mit 63 Einwohnern!), 1848 Provinzhauptstadt. In den Kriegen gegen die Sowjetunion (1918, 1939/40, 1941/44) Hauptquartier Marschall Mannerheims und deshalb Ziel vieler Bombenangriffe.

Sehenswert: Militärgeschichtliches dokumentieren das Infanteriemuseum (Entwicklung der finnischen Armee von 1881 bis zu den UN-Friedenseinsätzen der Gegenwart; di–so 11–18 Uhr) und das Hauptquartiermuseum, Mannerheims original erhaltener Befehlsstand und zuvor das Lehrerzimmer der örtlichen Volksschule (15.5. bis 31.8. tgl. 11–17 Uhr). Finnische Malerei des 20. Jh zeigt das städtische Kunstmuseum (di–so 11–18 Uhr).

Im Dom (1897, J. Stenbäck) ein bemerkenswertes Altarbild (der Gekreuzigte mit Maria und Johannes) von Pekka Halonen. Der Altar steht nicht, wie üblich, im Osten, sondern an der Westseite des Doms (1.6. bis 17.8. tgl. 10–18, 18.8.–31.5. mo–fr 10 bis 11 Uhr). Die alte Landgemeindekirche hat eine Steinsakristei von 1320 (heute Kirchenmuseum; Sommer tgl. 11–17 Uhr).

Veranstaltung: Internationale Laienspieltage (Ende Januar).

Umgebung: Eine reizvolle Autostrecke ist die durch leicht hügelige Landschaft nach *Puumala* (68 km östl.) führende Hauptstraße 62. Puumala ist durch eine kostenlose Autofähre mit Imatra verbunden.

❶ Tourist Information, Hallituskatu 3a, FIN-50101 Mikkeli.

Imatra ⑤

Wichtiger Industriestandort in der Nähe der finnisch-russischen Grenze. Hauptarbeitgeber sind der Holzkonzern Enso-Gutzeit, das Ovako-Stahlwerk und der Stromerzeuger Imatran Voima. Die Energie liefert das Kraftwerk an den gewaltigen Stromschnellen des Vuoksi-Flusses, deren ungebändigte Kraft man heute nur noch im Sommer bewundern kann, wenn der Staudamm täglich für eine halbe Stunde geöffnet wird (mo–sa um 19, so um 15 Uhr).

❶ Tourist Information, Mansikkapaikka, FIN-55121 Imatra.

Lappeenranta ⑥

Alte Marktstadt (Stadtrechte 1649, heute 60 000 Ew.) am Nordende des Saimaa-Kanals (Anbindung über Vyborg an die Ostsee; gebaut 1844/56) und an der Bahnlinie nach St. Petersburg. Noch bis ins 19. Jh. stritten Rußland und Schweden um den Besitz der Stadt; häufige Zerstörungen waren die Folge.

Sehenswert: Im Viertel Linnoitus Reste der einstigen Stadtbefestigung. Die Marienkirche von 1785 (russisch-klassizistisch; prachtvoller Barockschmuck) ist die älteste orthodoxe Kirche Finnlands. (3.6. bis 15.8. di–so 12–16.30 Uhr). Kunsthistorisch bedeutend auch die Lappee-Kirche (1792/94, J. Salonen) als letzte erhaltene Doppelkreuzkirche mit Pyramidendach und Eckanbauten, wie sie im späten 18. Jh. in Ostfinnland üblich waren (1.6.–15.8. mo bis sa 9–20 Uhr). Im Südkarelischen Museum zahlreiche Exponate aus Vyborg (3.6 bis 15.8. di–do, sa/so 11–17 Uhr).

Bootsausflüge: Kurzexkursionen nach Norden in das Seengebiet; 1- oder 2-tägige Touren nach Süden auf dem Saimaa-Kanal (neuerdings auch wieder bis Vyborg; Achtung: Visumspflicht).

❶ Tourist Information, Linja-autoasema, Box 113, FIN-53100 Lappeenranta.

Maßstab 1:800.000 0 10 20 30 40 km

Viel Geschick und Erfahrung erfordert die Flößerei: Bevor PS-starke Schlepper die Stämme zur Weiterverarbeitung ziehen, müssen sie gebündelt werden.

Karelien – wilder, orthodoxer Osten

Karelien, Finnlands östlichste Landschaft, ist russisch geprägt. Denn auch jenseits der Schlagbäume liegt Karelien: Der gemeinsame Kulturraum ist älter als die durch Kriege erzwungenen Grenzen. Kuopio, Ilomantsi und das Kloster Uusi Valamo sind die Zentren der orthodoxen Kirche Kareliens. Zu den großen Zeremonien sind Besucher willkommen. Überhaupt wird Brauchtumspflege in den tiefen, oft einsamen Wäldern des Ostens großgeschrieben.

△ Sommerfreuden in Kuopio

Einzigartige Miniaturkunst des 18. Jahrhunderts im Orthodoxen Kirchenmuseum ▽

△ Kuopios Markthalle mit einen Eingang im Jugendstil

△ Zu Ausflügen auf dem Kallavesi-See lädt der Dampfer Lokki ein

Russisch geprägt sind die karelischen Tänze ▽

Karelien: Bereits Imatra und Lappeenranta liegen in dem Land längs der finnisch-russischen Grenze, in dessen Städten und Dörfern immer wieder von der oft leidvollen Beziehung zu den Nachbarn erzählt wird. Dagegen berichten die Alten noch durchaus stolz vom ›talvisota‹, dem Winterkrieg 1939/40, und dem ›Fortsetzungskrieg‹ von 1941 bis 1944. In ihnen leistete Finnland, völlig auf sich gestellt, der übermächtigen Roten Armee nicht nur erfolgreich Widerstand, sondern träumte einen Augenblick lang sogar von einem Reich, das die Eismeerküste und ganz Karelien bis in Sichtweite Sankt Petersburgs – damals Leningrad – einschließen sollte.
Die weltpolitischen Rahmenbedingungen – die Niederlage Hitlers vor Stalingrad und die damit einhergehende Gegenoffensive der Sowjetunion bis ins Herz des Kontinents Europa – bereiteten diesen Träumen ein rasches Ende. Ost-Karelien und das ehemals finnische Vyborg (Viipuri) wurden beziehungsweise blieben russisch. Und Tausenden Finnen blieb nur die Flucht in die Gebiete, die unter den Bezeichnungen Süd- und Nordkarelien heute Finnlands östlichste Provinzen bilden.

Kuopio, alt und neu

Die 80 0000-Einwohner-Stadt Kuopio – übrigens am selben Breitengrad zu finden, an dem Grönlands Hauptstadt Godthåb liegt – ist die größte Stadt in diesem Landesteil. In der Stadtmitte trifft man sich am Marktplatz, um zu handeln und wandeln wie eh und je. Überschaubar ist das den Platz umschließende Stadtzentrum: Wie mit dem Lineal gezogen, verlaufen die rechtwinklig aufeinandertreffenden, von modernen Zweckbauten gesäumten Straßen. Allein nebenan im Freilichtmuseum Alt-Kuopio kann man anhand eines kompletten Holzhausviertels noch nachvollziehen, wie um die Jahrhundertwende in Karelien gelebt und gearbeitet wurde.

Orthodoxer Osten

Im russisch geprägten Karelien spielt die Religion – und das heißt hier: das russisch-orthodoxe Bekenntnis – eine wichtigere Rolle

△ Die Klosterkirche von Uusi Valamo

Zum nahen Frauenkloster Lintula führt eine Birkenallee ▽

Mosaik der Stifter von Uusi Valamo

In Varkaus steht dieses Schiffbauerdenkmal ▽

△ Zwei Ansichten von Varkaus: das Mechanische Musikmuseum ... ... und das Holzlager der Papierfabrik ▽

als im übrigen Finnland. In Kuopio dokumentiert dies das einzigartige orthodoxe Kirchenmuseum. Es zeigt Ikonostasen, Tabernakel und Weihrauchbehälter, die großteils aus Klöstern am Ladoga-See stammen. Sie gelangten ab 1939 nach Kuopio, im Gepäck von Männern und Frauen, die vor den sowjetischen Verbänden nach Westen flüchteten. Der größte Schatz der Sammlung ist eine zauberhafte Miniaturenmalerei, die auf der Größe eines DIN A 4-Blatts rund 250 Gestalten zeigt.

Daß klösterliches Leben auch in der orthodoxen Welt nicht zwangsläufig weltabgeschieden vonstatten gehen muß, erlebt man im Mönchskloster Uusi Valamo. Zwar liegt der an seiner schneeweißen Kirche mit ihren kupfernen Zwiebeltürmen erkennbare fromme Ort tief in den Wäldern Kareliens, jedoch beweisen die Mönche gern, daß sie wissen, wie die moderne Welt beschaffen ist. Im Sommer jedenfalls, wenn die Prozession der Touristenbusse nicht enden zu wollen scheint, entpuppen sich die Eremiten als geschäftstüchtige Betreiber von Post- und Bankschalter, Souvenirshop, Hotel und Restaurant. Beschaulicher und weit weniger kommerziell geht es da beim weiblichen Pendant zu sich, dem Nonnenkloster Lintula auf der anderen Seeseite.

Varkaus' mechanische Musik

›Varkaus‹, so sagt es das Wörterbuch, bedeutet ›Diebstahl‹ – ein Name so seltsam wie die Stadt, die ihn trägt. Dort, wo andernorts der Marktplatz zu finden ist, steht in Varkaus ein monströser Industriekomplex: rauchende Schlote mitten im Zentrum der Gemeinde.

Doch vielleicht tröstet das 1988 als ›Touristenattraktion des Jahres‹ ausgezeichnete Mechanische Musikmuseum darüber hinweg. Auf zwei Etagen klimpern hier von Geisterhand bewegte Klaviertasten, dudeln bauchige Grammophone und fiedeln gigantische Schrankgeigen Melodien längst vergangener Zeiten. Das alles wird als Clownerie in Szene gesetzt – lustvoll, ironisch und das Publikum miteinbeziehend. Fast ein Zirkus-Roncalli-Erlebnis, bei dem eigentlich nur der abschließende Konfettiregen fehlt.

△ Im Kalevala-Haus in Ilomantsi werden die Werke der karelischen Volksdichtung erforscht und gepflegt

△ Beim Elias-Kloster von Ilomantsi: Zur orthodoxen Kirchweih segnen die Mönche ihr Kloster ...

... und das Wasser des angrenzenden Sees ▽

△ Die Kantele, ein karelisches Instrument, ist in Ilomantsi zu hören

Östlicher Frühling: das Elias-Kloster von Ilomantsi ▽

Grünes Gold im Wilden Osten

Joensuu lebt vom ›grünen Gold‹: Gleich hinter den letzten Häuserreihen der Stadt beginnt der Wald, und da Mutter Natur ein perfektes Netz natürlicher Wasserstraßen bietet, auf denen die Stämme von Birken, Fichten und Kiefern in die Sägewerke und Papiermühlen wandern, konnte der größte Binnenhafen Finnlands hier entstehen.

Holz – das ist fast ein Synonym für Finnland. 200 000 Quadratkilometer, beinah soviel wie die alte Bundesrepublik, mißt die Nutzwaldfläche des Landes. In festen Rhythmen wird gefällt, gerodet und aufgeforstet; die Einschlagsgrenze, so heißt es, ist noch lange nicht erreicht. Die nationale Wirtschaft lebt vom Holz: Unter den Papier- und Kartonexporteuren steht Finnland weltweit an zweiter Stelle hinter Kanada; jeder fünfte finnische Arbeitsplatz hängt von Holz und Holzerzeugnissen ab.

Für Romantik ist in diesem Gewerbe kein Platz mehr: Längst haben nicht nur Motorsägen die Axt verdrängt, sondern computergesteuerte Ernte-Roboter, die den Baum fällen, entrinden, zersägen und zerschroten – alles in einem einzigen Arbeitsgang.

Hochzeitsreise zum Gipfel

374 Meter über dem Meeresspiegel: In Finnland geht ein solcher Hügel problemlos als ›Berg‹ durch. Doch rümpfe man nicht die Nase: Vor Jahrmillionen war dieser Granitbuckel, der Koli-Berg, einmal 5000 Meter hoch! Und das wenige, was die Gletscher übrigließen, zählen Geologen zu den ältesten Gesteinen der Welt.

Doch all das wird ohnehin bedeutungslos, wenn man erst einmal oben steht. Zu Füßen liegt der Pielinen-See im Sonnenlicht; wie verwunschene Schiffe schwimmen Inseln und Inselchen im silbrigschimmernden Wasser. Ein Gänsehaut-Erlebnis, das übrigens schon Jean Sibelius begeistert genoß: Durch die damals noch weglose Wildnis ließ er einst ein Klavier auf den Koli tragen, um feierlich die Wesenseinheit von Musik und Natur zu demonstrieren. Die Idee zu dieser romantischen Eskapade kam sicher wie von selbst: Befand er sich doch auf seiner Hochzeitsreise.

△ Kanutour auf dem Pielinen-See

△ Detail des Bomba-Hauses, des größten Bauernhauses in Finnland

Lebensgroße Holzfiguren schnitzt Eva Ryynännen in Lieksa ▽

△ In alle Richtungen drehbar ist diese Windmühle in Lieksa

Ein Tag im Juli, gegen 23 Uhr: Sommernacht am Pielinen-See ▽

Besuch bei Bauer Bombin

Nurmes am Nordzipfel des Pielinen zählt gerade einmal 12 000 Einwohner – und ist doch die flächenmäßig drittgrößte Stadt Finnlands. In einem derart dünn besiedelten Gebiet sind die Wege zum Nachbarn meist weit – und sie waren es erst recht, als es keine Autos und befestigten Straßen gab. Noch im 19. Jahrhundert mußte deshalb die Hausgemeinschaft das Dorf oder die Stadt oft ersetzen. Das Bomba-Haus in Nurmes demonstriert dies, wenn auch anhand eines Nachbaus, anschaulich: In dem riesigen hölzernen Vielzweckgebäude – ein Wohnhaus mitsamt Viehställen, Speichern und Wirtschaftsräumen – lebte der Bauer Jesor Bombin mit seiner ganzen Sippe. Was brauchte es mehr?

Die Seele Finnlands

Wolfsroute, Bärenpfad: Schon die Namen klingen ein wenig abenteuerlich. Und sie halten, was sie versprechen: In den Wäldern jenseits von Lieksa und Ilomantsi, zwei einsamen Flecken tief im Osten, finden selbst erfahrene Zivilisationsflüchtlinge noch Herausforderungen. Die Einwohnerdichte sinkt auf lappländische Werte von statistisch vier Bewohnern pro Quadratkilometer. Hier ist die Natur tatsächlich noch unberührt.

Der Tourismus hat in diesem weltentrückten Winkel nur bescheidene Ausmaße. Zwar lädt Lieksa Besucher mit einem Freilichtmuseum ein, das als eines der größten im Land gilt. Und auch im Grenzort Ilomantsi weiß man längst, daß die herrliche orthodoxe Elias-Kirche mit ihren sechs Holztürmen ein touristisches Kapital darstellt. Daß man von der Geschäftstüchtigkeit der Mönche des Valamo-Klosters dennoch Welten entfernt ist, erlebt man im Sommer, wenn das Praasniekka-Fest gefeiert wird. Lange Liturgien und aufwendige Prozessionen begleiten die einem Kirchweihfest ähnelnde Zeremonie; am Abend mündet sie in ein ausgelassenes karelisches Heimatfest. Im Kalevala-Haus werden dann die Verse Elias Lönnrots, des finnischen Nationaldichters, vorgetragen. Denn hier in den Wäldern des Ostens fand er die Legenden und Mythen des Volkes – und die Seele Finnlands.

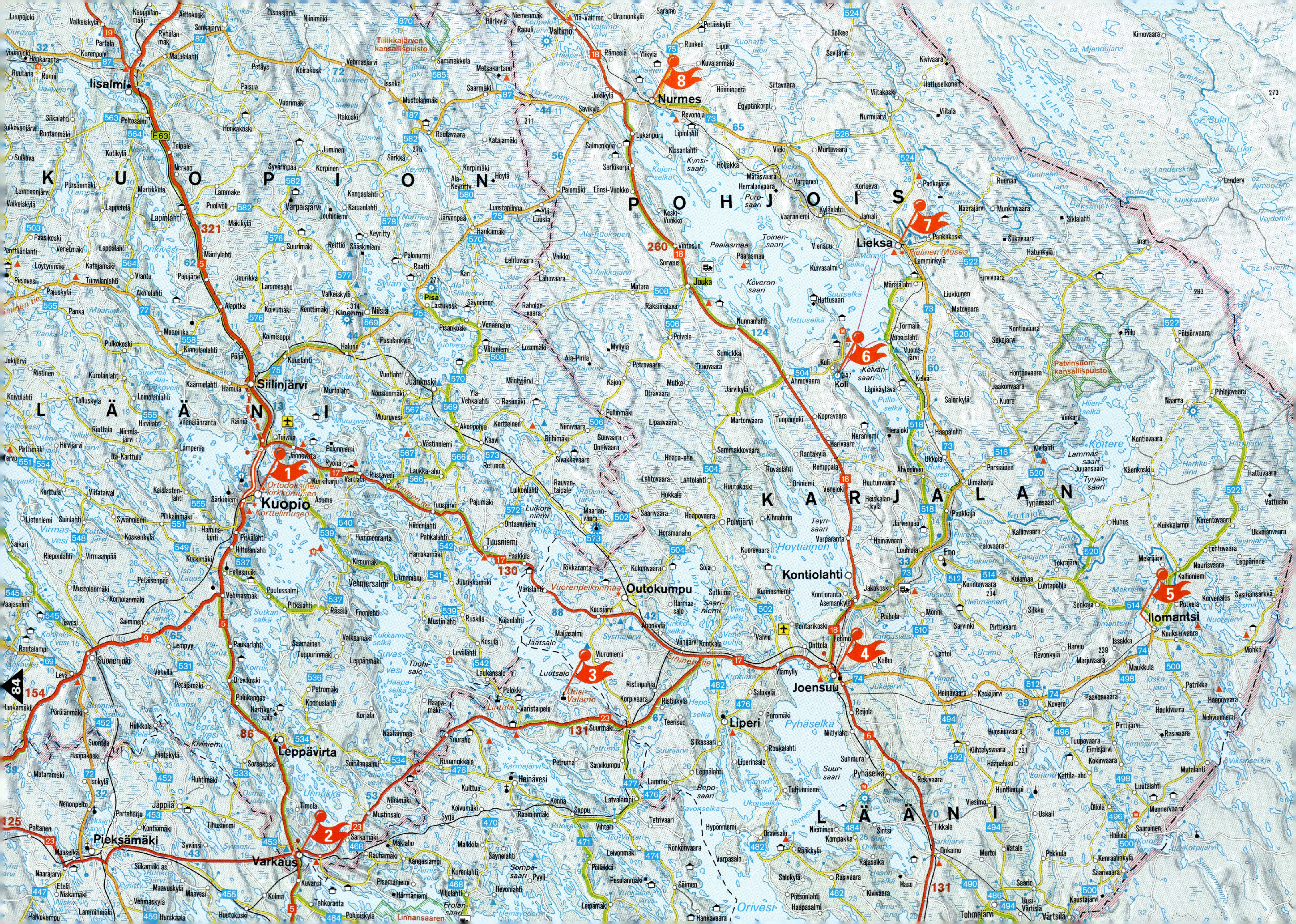

KUOPION LÄÄNI
POHJOIS KARJALAN LÄÄNI
Iisalmi
Nurmes
Lieksa
Pielisen Museo
Koli
Sillinjärvi
Kuopio
Ortodoksinen kirkkomuseo
Korttelimuseo
Outokumpu
Kontiolahti
Joensuu
Liperi
Ilomantsi
Leppävirta
Varkaus
Pieksämäki
Suonenjoki
Uusi-Valamo
Heinävesi
Pielinen
Orivesi
Pyhäselkä
Höytiäinen
Juojärvi
Tiilikkajärven kansallispuisto
Patvinsuon kansallispuisto
Linnansaaren kansallispuisto
84

Wo gibt es was?

Fähnchennummer = Textnummer ❶ = Auskunft

Kuopio ①

Landschaftlich schön am Kallavesi-See gelegene Provinzhauptstadt (80 000 Ew.; Stadtrechte seit 1652) und kulturelles Zentrum des ostfinnisch-karelischen Raums (Sitz des orthodoxen Metropoliten, d.h. ›Erzbischofs‹ von Finnland). Bedeutender Standort von Textil- und Zelluloseindustrie seit der Fertigstellung des Wasserstraßensystems der Saimaa-Seen mit Anbindung an die Ostsee (1856).

Sehenswert: Am Marktplatz das ansehnliche Stadthaus (Neorenaissance; 1884, A. Sjöström) und die in verspieltem Jugendstil erbaute Markthalle (1902, J. V. Strömberg). Das Freilichtmuseum ›Alt-Kuopio‹ zeigt das Bild einer finnischen Provinzstadt im 19. Jh. (Kirkokatu 22; 15.5.–15.9. tgl. 10–17, mi bis 19 Uhr, sonst di–so 10–15 Uhr).

Überragend ist die Sammlung des orthodoxen Kirchenmuseums: Es bewahrt viele der wertvollsten Sakralgegenstände der karelischen Klöster und Kirchen, vor allem aus den an Rußland gefallenen Klöstern Petsamo, Konevitsa und Valamo (Karjalankatu 1; 2.5.–31.8. di–so 10–16 Uhr, 1.9. bis 3.4. mo–fr 12–15, sa/so 12–17 Uhr). Im selben Gebäude befindet sich auch der Sitz der orthodoxen Kirchenverwaltung und die Residenz des Metropoliten.

Tip: Einen herrlichen Blick auf die Stadt und ihre Umgebung genießt man vom Puijo-Aussichtsturm (mit Drehrestaurant) 225 m über der Stadt (1.5.–31.5 u. 15.8. bis 30.9. tgl. 10–18 Uhr, 1.6.–14.8. tgl. 9–22 Uhr).

Bootsausflüge: Im Sommer auf dem Kallavesi-See.

Veranstaltung: Tanzfestspiele (Ende Juni).

❶ Kuopio Info, Haapaniemenkatu 17, FIN-70110 Kuopio.

Varkaus ②

Die Industriestadt wurde ab 1815 rund um ein noch heute in der Stadtmitte liegendes Eisenwerk errichtet. Standort großer Papier-, Maschinen-, Recycling- und Holzveredlungsfabriken.

Sehenswert ist das in jeder Hinsicht überraschende und in privater Initiative entstandene Mechanische Musikmuseum (15.2.–15.12. 11–19, im Juli 10–20 Uhr).

❶ Tourist Information, Kauppatori 6, FIN-78250 Varkaus.

Uusi Valamo-Kloster ③

Das Mönchskloster Uusi (›Neu‹) Valamo bei Heinävesi ist das Zentrum orthodoxen Klosterlebens in Finnland. Wenn auch – im Vergleich etwa zum nahegelegenen Nonnenkloster Lintula – stark kommerzialisiert (Hotel, Restaurant usw.), so bietet es dennoch einen einzigartigen Einblick in die orthodoxe Kirchenwelt.

Geschichte: Das ›alte‹ Valamo war ein 1329 am Ladoga-See gegründetes Kloster. Obwohl mehrfach in schwedisch-russische Kriegshandlungen verstrickt, wurde es zum bedeutenden Pilgerziel: Zu Beginn des 20. Jh. lebten rund tausend Mönche dort. Im Winterkrieg 1939/40 mußten sie nach Finnland fliehen; in ihr ›neues‹ Valamo zogen auch Mönche aus anderen russischen Klöstern nach.

Sehenswert ist besonders die 1977 im byzantinisch-russischen Stil errichtete Kirche ›Verklärung Christi‹. Sie birgt wertvolle Ikonen, darunter einige aus dem alten Valamo (Juni–Aug. 8.30 –18 Uhr).

Joensuu ④

1848 von Zar Nikolaus I. gegründete Verwaltungs- und Universitätsstadt (47 000 Ew.) an der Mündung des Pielisjoki-Flusses; seit 1960 Hauptstadt von Nordkarelien. Wirtschaftliches Standbein ist auch hier die Holzindustrie, begünstigt durch die Saimaa-Wasserstraßen und die Bahnverbindung (seit 1894) mit St. Petersburg.

Sehenswert: Am Fluß das monumentale Stadthaus von Eliel Saarinen (1914), davor ›Freiheitsstatue‹ von Yrjö Liipola. Die Lutherische Kirche (1903), ein neugotischer Backsteinbau mit reicher Steinornamentik, ist von Josef Stenbäck (1.6.–15.8. di–so 10–18, mo 10–13 u. 14–18 Uhr).

Veranstaltung: Musikfestival mit volksfestähnlichem Charakter (Ende Juni).

❶ Nordkarelisches Fremdenverkehrsamt, Koskikatu 1, FIN-80100 Joensuu.

Ilomantsi ⑤

In wildromantischer Umgebung gelegene Landgemeinde, die sich zum beliebten Touristenziel entwickelt. Ursprünglich russisch, kam sie 1617 zum schwedischen Territorium. Vom 17. bis 19. Jh. war neben der Holzwirtschaft die Eisenherstellung wichtigster Industriezweig.

Sehenswert: Das Kalevala-Haus (auch ›Haus des Runensängers‹, finn. ›Runonlaulajan pirtti‹) auf dem Hügel Parppeinvaara, ein in karelischer Tradition errichtetes Blockhaus, zeigt Dokumente zu Elias Lönnrots ›Kalevala‹-Epos. Außerdem regelmäßig Veranstaltungen zur Pflege des karelischen Liedguts (1.6.–15.6. 10–18 Uhr, 16.6.–15.8. 10–20 Uhr, 15.8.–31.8. 10–18 Uhr). Auf dem Gelände auch eine orthodoxe Kapelle (Tsasouna), das Haus eines Grenzgenerals und ein Handarbeitsladen.

Veranstaltung: Die Elias-Kirche von 1891 (15.6.–17.8. mo–sa 11–18, so 9–18 Uhr), das Zentrum der orthoxen Großgemeinde, ist alljährlich am 19./20. Juli Mittelpunkt des Patronatsfests ›Praasniekka‹ (feierliche Liturgie, Prozession und Segnung der Gewässer; anschließend Volksfest).

Wanderrouten: ›Wolfsroute‹ (Susitaival) von der Ortschaft *Möhkö* (20 km östl. Ilomantsi) zum 1992 eröffneten Nationalpark Patvinsuo (ca. 100 km; nur für erfahrene Wanderer). Im *Patvinsuo-Nationalpark* (ca. 100 qkm; Wald und Moorgebiete, reiche Vogelwelt) der ›Bärenpfad‹ (Karhunpolku, 123 km), für den ebenfalls Erfahrung vorausgesetzt wird. Touren für ungeübte Trekker bietet der kleine *Petkeljärvi-Nationalpark* (1956) bei Möhkö, in dem auch auf Spuren des letzten Krieges hingewiesen wird. Der Park ist auch Endpunkt der ›Route für Könner‹ (Taitajan-Taival; 26 km) die im Dorf *Putkela* bei Ilomantsi beginnt.

❶ Tourist Information, Mantsintie 8, FIN- 82900 Ilomantsi.

Koli-Nationalpark ⑥

Hügelkette an der Westseite des Pielinen-Sees (Ende Mai–Aug. Bootsverbindungen ab Lieksa und Nurmes), seit 1991 Nationalpark. Vom Ukko-Koli (347 m) phantastischer Blick auf die Inselwelt im See.

Wanderrouten: Auf dem Kamm des Koli-Rückens ein gut begehbarer kurzer Weg (mit herrlichen Aussichten) und markierte Rundwanderwege (3–8 km). Beim Koli-Hotel beginnt und endet ein 7 km langer Naturlehrpfad, der zu 12 biologisch und geologisch interessanten Stellen führt.

Lieksa ⑦

Alte Holzfällerstadt (Gründung der lutherischen Gemeinde 1639) und mit 3500 qkm flächenmäßig zweitgrößte Gemeinde Finnlands. Beliebt als Ausgangspunkt für Wanderungen und Kanutouren.

Sehenswert: Das Pielinen-Freilichtmuseum, eines der größten seiner Art in Finnland, zeigt in über 70 Gebäuden aus vier Jahrhunderten die bäuerlichen und handwerklichen Traditionen Nordkareliens (15.5.–15. 9. tgl. 9–18 Uhr). Am Platz der Lutherischen Kirche (1982; Reima u. Raili Pietilä) stand zuvor eine 1979 bis auf den Glockenbock abgebrannte Doppelkreuzkirche von C. L. Engel (1834/38).

❶ Tourist Information, Pielisentie 7, FIN-81700 Lieksa.

Nurmes ⑧

Seit 1556 als Wohnsitz orthodoxer Karelier bekannte Kirchengemeinde (Marktrechte 1876), deren Handelsbeziehungen bis nach St. Petersburg reichten.

Sehenswert: Ein originalgetreuer Nachbau (1976/81) eines russisch-karelischen Bauernhauses ist das riesige Bomba-Haus (Suojärvenkatu 1). Es dient als eine Art Freilichtmuseum mit Hotel, Café und Restaurationsbetrieb. Vor dem Bomba-Haus eine Statue der Volkssängerin Ogoi Määränen von Taisto Martiskainen.

Veranstaltung: Bomba-Festwochen (Juli).

❶ Tourist Information, Lomatie, FIN-75500 Nurmes.

Maßstab 1:800.000 — 0 10 20 30 40km

Touristik-Informationen

Adressen

Deutschland: Finnische Zentrale für Tourismus, Lessingstr. 5, 60325 Frankfurt/M., Tel. 069/7191980, Fax 069/7241725. Finnland: Lokale Auskunftsbüros gibt es in allen touristisch interessanten Städten. Botschaft der Republik Finnland, Friesdorferstr. 1, 53173 Bonn, Tel. 0228/382980; Deutsche Botschaft, Krogiuksentie 4, FIN-00340 Helsinki, Tel. 09/4582355.

Angeln

Die staatliche Angelkarte (*Kalastuskortti*) erhält man für ca. 30 DM bei Postämtern; für viele Gewässer braucht man zusätzlich regionale Scheine (erhältlich bei Tourismusbüros, Campingplätzen oder Hotels).

An- und Einreise

Autofähren: Die schnellste, aber auch teuerste Direktverbindung bietet der gasturbinenbetriebene Silja-Finnjet von Travemünde nach Helsinki: Fahrzeit 24–37,5 Std. (Silja Line, Georgsplatz 1, 20099 Hamburg, Tel. 040/321384). Etwas preisgünstiger sind die Kombifähren der Poseidon-Frachtschiffreederei ab Lübeck nach Helsinki, Kotka oder Turku: Fahrzeit 36 Std. (Poseidon Schiffahrt, Altefähre 24/26, 23552 Lübeck, Tel. 0451/1507447).
Deutlich billiger ist die Anreise über Schweden (Fähren ab Saßnitz, Rostock, Travemünde, Puttgarden oder Kiel nach Trelleborg, Helsingborg, Halmstad, Varberg oder Göteborg). Zweckmäßig ist die Wahl einer Nachtfähre ab Deutschland (TT Line Travemünde–Trelleborg in 7,5–9 Std. oder Stena Line Kiel–Göteborg in 14 Std.) mit anschließender Überlandfahrt nach Kapellskär oder Stockholm (650 km ab Trelleborg, 470 km ab Göteborg), von wo aus man mit Silja oder Viking weiterfährt nach Helsinki, Turku oder Naantali (Überfahrt 10–12 Std.; einige Fähren machen auch einen kurzen Zwischenstopp auf den Åland-Inseln). Alle mit Schweden verkehrenden Reedereien bieten sog. Durchgangstarife an (Stena Line, Schwedenkai 1, 24103 Kiel, Tel. 0431/9099; TT Line, Mattentwiete 8, 20457 Hamburg, Tel. 040/3601442).
Flugverbindungen: Linienflüge mit Finnair oder Lufthansa nach Helsinki von allen deutschsprachigen Großstädten.
Zugverbindungen: Über Kopenhagen nach Stockholm (von dort Fähre nach Turku) oder über Warschau und St. Petersburg nach Helsinki (Visa erforderlich).
Einreisepapiere: Es genügt der Personalausweis. Die grüne Versicherungskarte fürs Auto ist nicht Pflicht, aber empfohlen.

Camping

Insgesamt gibt es rund 600 offizielle Campingplätze; davon sind 200 dem Fremdenverkehrsverband angeschlossen. Die meisten liegen naturschön nahe am Wasser. Die Preise liegen je nach Standard zwischen 10 und 30 DM pro Tag; auf manchen Plätzen können auch einfache Hütten für 2 bis 6 Personen gemietet werden. Viele Campingplätze öffnen erst Mitte bis Ende Juni und schließen wieder im September. Wildes Campen und Feuermachen (im Sommer erhöhte Waldbrandgefahr!) nur mit Erlaubnis des Grundstückseigentümers. Ein komplettes Campingplatzverzeichnis ist in Buchhandlungen und allen ›R‹-Kiosken erhältlich.

Eine karelische Spezialität ist Kalakukko, in Brot gebackener Fisch. Auf den Märkten im Osten, hier in Mikkeli, wird er verkauft.

Essen und Trinken

Die Köstlichkeiten der finnischen Küche kommen frisch aus der Natur: Ren- oder Elchfleisch, seltener Bärenfleisch, wird zu Braten, Gulasch, Wurst oder Räucherschinken verarbeitet, aus den Wäldern und Gärten stammen schmackhafte Wildbeeren (z. B. Moltebeeren) und knackig-frische Gemüse, und die Gewässer liefern köstlichen Wildlachs, Hecht, Lachs- und Regenbogenforelle und Flußkrebse. Regionale Spezialitäten steuert die karelische Küche bei: Kalakukko ist ein mit Fisch- und Fleischzutaten gebackenes dunkles, rundes Brot; Karjalan piirakat (Piroggen) sind ovale, pastetenähnliche und mit Reis gefüllte Roggenteigstücke, die dick mit Eierbutter bestrichen am besten schmecken. Abendliche Restaurantbesuche sind relativ teuer. Für ein à-la-carte-Menü mit Vorspeise und Nachtisch zahlt man in guten Restaurants 40 bis 60 DM, in besseren Häusern auch bis zu 90 DM (ohne Getränke). Man kann aber auf die Mittagszeit ausweichen, wenn fast alle Lokale preisgünstige Tagesgerichte (12 bis 15 DM inkl. Nachtisch und Kaffee) und Buffets anbieten.
Nationalgetränk ist nicht, wie oft behauptet, der Wodka, sondern der Kaffee (kahvi). Alkohol ist in Finnland nach wie vor teuer. Hochprozentiges erhält man nur in den staatlich kontrollierten Läden (›Alko‹); leichte Weine und Biere auch in Supermärkten.

Familienurlaub

Finnland ist ein ausgesprochen kinder- und familienfreundliches Land. Campingplätze und Ferienhäuser sind entsprechend ausgerüstet: Kinderstühle, Wickeltische, Spielecken usw. findet man überall. Zudem werden Kindern großzügige Preisnachlässe gewährt; vieles ist sogar kostenlos.

Feiertage

1. Jan., 6. Jan., Karfreitag, 30. April/1.Mai (›Vappu‹ = Tag der Arbeit), Mittsommerfest (um den 21. 6.), 1. Nov., 6. Dez. (Nationalfeiertag), 24.–26. Dez.

Ferien auf dem Bauernhof

Rund 500 Bauernhöfe in Finnland bieten Unterkünfte in ländlicher Umgebung, meist mit Voll- oder Halbpension. Ein Verzeichnis ist bei der Finnischen Zentrale für Tourismus in Frankfurt (s. Adressen) erhältlich.

Ferienhäuser

Das Ferienhaus (mökki) am See ist eine finnische Institution, auf die auch die meisten Urlauber schwören. Über 200 Ferien-

Reisedaten Finnland

Flug von Deutschland	Inlandsverkehr	Reisepapiere	Devisen	Mietwagen	Benzin	Hotel	Pension	Menü	Einfaches Essen	Ortszeit	Achtung
ab 873 DM (ab Frankfurt)	1000-km-Busticket ca. 115 DM (2 Wochen gültig)	Personalausweis	1 DM = ca. 3 FIM (Finnmark)	ab 120 DM pro Tag (unbegrenzte Kilometer, Versicherung)	1 Liter Super: 1,90 DM	Doppelzimmer Luxuskat. ab 270 DM, Mittelklasse ab 150 DM	Ferienhaus ab 80 DM pro Tag	à la carte ab 40 DM (mit Wein)	Mittagsmenü ab 12 DM (ohne Wein)	MEZ plus 1 Std.	Autofahrer: Alkohol am Steuer wird sehr streng geahndet

weiter auf Seite 112

Ausgewählte Hotels und Restaurants

HOTELS

In Helsinki

*******Arctia Marski Hotel**
Mannerheimintie 10, FIN-00100 Helsinki, Tel. 09/68061. Helsinkier Niederlassung der angesehenen Marski-Kette; eines der besten Hotels der Hauptstadt.

*******Intercontinental**
Mannerheimintie 46, FIN-00260 Helsinki, Tel. 09/40551. Luxushotel in nüchtern modernem Bau unweit des Nationalmuseums. Mit direkter Busverbindung zum Flughafen.

******Grand Marina**
Katajanokanlaituri 7, FIN-00160 Helsinki, Tel. 09/16661. Internationales Tagungshotel in einem umgebauten Kontorhaus-Komplex direkt am Passagierhafen (Nähe Finnjet). 1992 tagte hier die KSZE-Folgekonferenz. Mit fünf Restaurants.

*****Sokos Hotel Klaus Kurki**
Bulevardi 2–4, FIN-00120 Helsinki, Tel. 09/618911. Von außen unscheinbares, innen luxuriöses Stadthotel aus der Zeit der Jahrhundertwende. In zentraler Lage in der Nähe von Esplanade und Kaufhaus Stockmann. Viele Zimmer zum Innenhof.

*****Park Hotel Käpylä**
Pohjolankatu 38, FIN-00240 Helsinki, Tel. 09/799755. Schönes Hotel mit eigenem Schwimmbad an kleinem Park.

****Academica**
Hietaniemenkatu 14, FIN-00100 Helsinki, Tel. 09/4020206. 10 Fußminuten von der Stadtmitte entfernt; mit Schwimmbad und Sauna.

***Satakuntatalo**
Lapinrinne 1a, FIN-00150 Helsinki, Tel. 09/695851. Kleines, jugendherbergsähnliches Sommerhotel in unmittelbarer Nähe des Zentrums.

***Pensionat Regina**
Puistokatu 9, FIN-00140 Helsinki, Tel. 09/656937. Im Süden der Stadt in der Nähe des Kaivopuisto-Parks. Guter Service, familiäre Atmosphäre.

Weitere Stadthotels

*******Lahden Seurahuone, Lahti**
Aleksanderinkatu 14, FIN-15111 Lahti, Tel. 03/85111. Im Zentrum von Lahti gelegenes Nobelhotel mit dem einzigen Nachtclub weit und breit. Luxuriös ausgestattete Zimmer; hauseigenes Schwimmbad.

****** Hamburger Börs, Turku**
Kauppiaskatu 6, FIN-20111 Turku, Tel. 02/337381. Am Turkuer Marktplatz, mit schönem Blick auf das Treiben der Stadt. Bestes Hotel am Platz.

******Spa Hotel Lapinniemi, Tampere**
Lapinniemenranta 12, FIN-33211 Tampere, Tel. 03/597111. Gemütliche und individuell gestaltete Zimmer in einem ehemaligen Fabrikgebäude. Mit Schwimmbad.

*****Seurahuone, Savonlinna**
Kauppatori 4–6, FIN-57130 Savonlinna, Tel. 015/5731. Mehrgeschossiger Bau am Marktplatz von Savonlinna. Von den meisten Zimmern Seeblick, phantastische Aussicht von der Dachterrasse. In der Königssuite übernachtete schon des schwedische Königspaar.

*****Hotel Pinja, Tampere**
Satakunnankatu 10, FIN-33100 Tampere, Tel. 03/2415111. Kleines, gemütliches Stadthotel in der Nähe des Hauptbahnhofs.

****Hotel Alexandra, Mikkeli**
Porrassalmenkatu 9, FIN-50100 Mikkeli, Tel. 015/20201. Im Sommer 1990 eröffnetes Stadthotel mit Atrium-Restaurant, Suiten, Nachtclub und Sauna.

***City Hostel, Turku**
Linnankatu 39, FIN-20111 Turku, Tel. 02/637301. Preisgünstige Herberge mit Mehrbettzimmern, ideal für Rucksackreisende.

Ferienhotels an der Küste und auf den Inseln

*******Naantali Spa**
Matkailijantie 2, FIN-21100 Naantali, Tel. 02/857711. Gediegen-nobles Kurhotel. Eine der ganz feinen Adressen an der Ostseeküste.

******Hotel Tropiclandia Spa, Vaasa**
Lemmenpolku 3, FIN-65170 Vaasa, Tel. 06/3257111. Bestes Hotel in Vaasa. Lage unweit der Stadt direkt am Meer mit eigenem Badestrand an geschützter Bucht. Angenehm große Zimmer, guter Service.

*****A&P Arkipelag, Åland-Inseln**
Strandgatan 31, FIN-22100 Mariehamn, Tel. 018/ 24020 u. 24382. Bestes und größtes Hotel auf den Åland-Inseln. Mit Swimmingpool, großem Restaurant und dem einzigen Spielcasino des Nordens. Zimmer Standard.

*****Eisenhüttendorf Ruotsinpyhtää**
Ruukinitie 10g, FIN-07970 Ruotsinpyhtää, Tel. 015/ 618474. Hotel, Restaurant und Sommercafé in einem Handwerkerhüttenkomplex aus dem 17. Jh. am Ufer des Kymijoki-Flusses. Mit Kanuverleih.

****Solhem, Åland-Inseln**
Östra Ytternäs, FIN-22100 Åland, Tel. 028/16322. Familiär geführter Gasthof mit urigem Bauernhofambiente auf den Åland-Inseln. Akzeptable Preise.

****Eckerö Hotell, Åland-Inseln**
Pl 175, Storby, FIN-22270 Eckerö, Tel. 018/38447. Gemütliches Familienhotel im Westen Ålands. Schwedisches Ambiente, helle Räume. Kinder unter 12 Jahren übernachten kostenlos!

Ferienhotels im Seengebiet

*****Valtion Hotel Punkaharju**
FIN-58450 Punkaharju 2, Tel. 015/739611. Ältestes Hotel Finnlands (1879 gegr.), direkt am Puruvesi-See. Romantische Holzvilla mit 23 Zimmern und gemütlichem Restaurant.

****Grenzhotel Korpiselkä bei Ilomantsi**
FIN-82760 Hoilola, Tel. 013/866171. Uriges Hotel im Blockhausstil in unmittelbarer Nähe der finnisch-russischen Grenze, einsam auf einer kleinen Anhöhe gelegen. Am Wochenende reichhaltiges Buffet, z. B. mit Bärenschinken, Elchgulasch u. ä., zu akzeptablen Preisen.

****Koli-Hotel am Pielinen-See**
Ylä-Kolintie 39, FIN-83970 Ylä-Koli, Tel. 013/522922. Direkt auf der Koli-Höhe gelegenes Hotel mit Saunas, Swimmingpool und Panorama-Restaurant. 63 Zimmer.

****Valtion Hotel Imatra**
Torkkelinkatu 2, FIN-55100 Imatra, Tel. 05/68881. Romantisches Schloßhotel, einst russisches Staatshotel, heute Ferienhotel. Regelmäßig ›Petersburger Abendtafeln‹ mit russischen Buffets.

****Kurbad Summassaari bei Jyväskylä**
Summassaari, FIN-43100 Saarijärvi, Tel. 014/ 421311. Großzügige Ferienanlage am Saarijärvi-See nördlich von Jyväskylä. Mit Schwimmbad, Disco, Kanuverleih und verschiedenen Kurangeboten (Massagen, Heilbäder etc.).

Hotelpreise

Übernachtung jeweils für 2 Personen im Doppelzimmer ohne Frühstück

Ein Stern: unter 100 DM
Zwei Sterne: ca. 100 bis 150 DM
Drei Sterne: ca. 150 bis 200 DM
Vier Sterne: ca. 200 bis 270 DM
Fünf Sterne: ab ca. 270 DM

RESTAURANTS

In Helsinki

El Greco
Eteläesplanadi 22, Tel. 09/607565. Griechische Spezialitäten zu hohen Preisen, dafür aber mit bestem Blick auf das Treiben an der Esplanade. Ideal an Sommertagen.

Alexander Nevski
Pohjoiesplanadi 17, Tel. 09/639610. Echt russisches Feinschmecker-Restaurant. Teuer.

Happy Days
Pohjoisesplanadi 2, Tel. 09/657700. Teilweise glasüberdachtes, tropenhausähnliches Lokal mit schwarzbefrackten Kellnern am Esplanade-Park. Innen drei Lokale: Steakhaus, Schnellimbiß und Pizzeria.

Havis Amanda Seafood
Unioninkatu 23, Tel. 09/666882. Fisch und Schalentiere, meisterlich zubereitet und in angenehmer Atmosphäre frisch serviert.

Amadeus
Sofiankatu 4, Tel. 09/626676. Hochpreisiges Feinschmeckerrestaurant. Erstklassige Wildgerichte; gelegentlich steht auch Bärenschinken auf der Karte.

Kultainen Sipuli
Kanaravanta 3, Tel. 09/179900. Die ›Goldene Zwiebel‹, nahe der Uspenski-Kathedrale gelegen, ist auf finnische Köstlichkeiten wie Schneehuhn, Lachs, Rentier und Elch spezialisiert. Teuer.

Zetor
Mannerheimintie 3–5, Tel. 09/666966. Landestypische Spezialitäten. Schon die mit viel Witz geschriebene Speisekarte ist den Besuch wert.

Weitere Stadtrestaurants

Casino, Savonlinna
Kasinosaari 1, Tel. 015/73950. Köstliche Fisch- und Lammgerichte im Restaurant des Kurhotels von Savonlinna.

Kissanviikset, Jyväskylä
Puistokatu 3, Tel. 014/618451. Internationale und finnische Spezialitäten, darunter Elchbraten und Schneehuhngerichte. Nicht billig.

Musta Lammas, Kuopio
Satamakatu 4, Tel. 017/2623494. Gourmet-Restaurant im Bierkeller einer Brauerei. Internationale und finnische Speisen. Urige Atmosphäre; gelegentlich ›Erlebnisessen‹ mit Musik.

Pinella, Turku
Porthanin puisto, Tel. 02/2517557. Angeblich das älteste Restaurant Finnlands. Im Erdgeschoß eine zünftige Studentenkneipe, im Obergeschoß finnische Spezialitäten.

Rapukka, Tampere
Tammelanpuistokatu 34, Tel. 03/110086. Bekanntes Lokal mit stilvollem Interieur. Spezialität sind Fischgerichte, außerdem reichhaltige vegetarische Menüs.

Zeppelin, Varkaus
Pelimanninkatu 8, Tel. 017/80643 u. 80644. Exzellente Speisen zu anständigen Preisen. Betreiber ist ein deutsch-finnisches Ehepaar. Das Restaurant liegt direkt neben dem Mechanischen Musikmuseum.

Ausflugslokale

Club Marin, Åland-Inseln
Östra hamnen, Mariehamn, Tel. 018/15501. Besonders bei Seglern beliebtes Lokal mit maritimer Atmosphäre in einem Pavillon. Frische Fisch- und Muschelgerichte.

Jan Karlsgårdens Värdshus, Åland-Inseln
Sund, Tosarby, Tel. 018/43740. Hausgemachte Küche nach traditionellen åländischen und schwedischen Rezepten. Berühmt sind die Lachsgerichte und die Pfannkuchen.

Kala Trappi, Naantali
Nunnakatu 3, Tel. 02/4352477. An der Uferpromenade von Naantali. Bekanntestes Restaurant der Stadt, spezialisiert auf Meeresgetier. Meist mit Blaskapelle oder Pianomusik.

Wanha Laamanni, Porvoo
Vuorikatu 17, Tel. 015/130455. Hübsches Gartenrestaurant in der Altstadt von Porvoo.

Ravintola Albatross, Jyväskylä
Ahlmaninkatu 4, Tel. 014/636310. Sommerrestaurant mit wunderschöner Aussicht auf den Jyväsjärvi-See.

Bomba-Haus, Nurmes
Suojärvenkatu 1, Tel. 013/482260. Karelische Spezialitäten in den aus unverkleideten Rundhölzern errichteten Räumen des Bomba-Hauses. Ausgefallene, wohlschmeckende Speisen, serviert von freundlichen Damen in karelischer Tracht.

Stand: April 1997

Touristik-Informationen

dörfer und ca. 10 000 Ferienhäuser mit unterschiedlichen Standards stehen dafür zur Verfügung. Für die Hochsaison (Juni bis Aug.) frühzeitig reservieren; genaue Infos bei der Finnischen Zentrale für Tourismus in Frankfurt (s. Adressen).

Geld

Währung ist die Finnmark (Markka; Abkürzung FIM oder FMK, im Land auch MK), zu 100 Penniä. Geldwechsel in allen Banken (Geschäftszeiten mo–fr 9.15–16.15 Uhr) und Postbanken, außerdem auf allen Fähren sowie bei FOREX am Flughafen Helsinki-Vantaa und den Häfen von Turku und Helsinki. Die Euroscheck-Höchstsumme beträgt z. Zt. 1 300 FIM. Kreditkarten (bes. Eurocard, Visa, Diners und American Express) sind weiter verbreitet als in Deutschland. Das Preisniveau ist mittlerweile mit dem deutschen vergleichbar; nur im Restaurant und für Alkohol zahlt man meist mehr als daheim.

Gesundheit

Zwischen Deutschland und Finnland besteht ein Sozialversicherungsabkommen, so daß im Krankheitsfall Versicherungsschutz garantiert ist. Kostenlos ist die ambulante Versorgung in den Gesundheitszentren auf dem Lande; in Krankenhäusern (Terveyskeskus) zahlt man eine Gebühr von 50 FIM bei ambulanter und 125 FIM pro Tag bei stationärer Behandlung. Die Beträge (Rechnung geben lassen!) werden von der heimischen Krankenkasse zurückerstattet (Formular E 111).

Kanu

Finnland bietet das größte Paddelrevier in Europa. Touren an der Schärenküste setzen Erfahrung voraus, auf den Binnenseen dagegen kommen auch Anfänger bestens zurecht. An den meisten Orten kann man Kanus auch leihen (45–70 DM/Tag; 180 bis 350 DM/Woche). Routenvorschläge (inkl. Lagerplätze) stellen die Finnische Zentrale für Tourismus (s. Adressen) und die örtlichen Verkehrsämter zusammen.

Mietfahrzeuge

Kleinwagen bekommt man ab 120 DM, Wohnmobile ab 250 DM pro Tag bzw. ab 1700 DM pro Woche. Marktführer ist Europcar, Tel. 09/97556133.

Mückenschutz

Ein Mückennetz sowie lange Hosen, langärmelige Hemden, feste Socken und Hut sollten im Sommer unbedingt dabeisein. Mückenschutzmittel (Zamzarin o. ä.) erhält man in allen Apotheken; im Freien vertreiben Räucherspiralen die Plagegeister.

An ausgewiesenen Plätzen kann man auch in den Nationalparks das Lagerfeuer entzünden: Ferien im Nationalpark Helvetinjärvi.

Nationalparks

Mit insgesamt 30 Nationalparks auf einer Gesamtfläche von rund 8 000 qkm hat Finnland riesige Schutzräume für Pflanzen und Tiere geschaffen. Der erste Nationalpark wurde 1938 gegründet; die meisten folgten in den 50er und 80er Jahren. Mit Ausnahme einiger abgegrenzter Gebiete sind sie auf markierten Wegen für die Öffentlichkeit zugänglich. In vielen Parks stehen Informationstafeln oder Besucherzentren zur Verfügung, außerdem Rast-, Lager- und Feuerstellen sowie teilweise auch einfache Unterkünfte.
Die beliebtesten Nationalparks in Südfinnland sind der Patvinsuo und Petkeljärvi bei Ilomantsi, der Linnansaari bei Savonlinna und die Koli-Berge bei Lieksa. In allen Nationalparks bestehen sehr gute Wandermöglichkeiten. Weitere Infos (deutsch u. englisch) bei Metsähallitus Tikankonti, Eteläesplanadi 20, FIN-00130 Helsinki.

Öffentliche Verkehrsmittel

Das innerfinnische Flugnetz ist mit 22 Flughäfen (Drehscheibe Helsinki-Vantaa) sehr gut ausgebaut. Ein preisgünstiges Angebot ist das ›Finnair Holiday-Ticket‹ mit 10 Flügen für ca. 500 US-Dollar. Das finnische Bahnnetz ist hauptsächlich in Süd-Nordrichtung aufgebaut; die Fahrkarten sind preiswert. Abgelegenere Orte sind mit Bussen zu erreichen. In Helsinki kann man sich sehr gut mit Bussen und Straßenbahnen bewegen.

Öffnungszeiten

Die gesetzlich vorgesehenen Ladenöffnungszeiten (mo–fr 8–20, sa 8–18 Uhr) werden nur von größeren Geschäften in Helsinki, Tampere und Turku voll ausgenutzt. Kleinere Geschäfte auf dem Land schließen zum Teil schon um 17 Uhr.

Post und Telefon

Postämter sind mo–fr 9–17 Uhr geöffnet; Hauptpost in Helsinki mo–sa 8–22, so 11 bis 22 Uhr. Sendungen nach Deutschland benötigen ca. drei Tage.
Telefoniert wird fast überall mit Kartentelefonen; Telefonkarten gibt es bei der Post und im R-Kiosk.
Die internationale Vorwahl für Finnland ist 00358. Bei Gesprächen von Finnland wählt man 0049 für Deutschland, 0041 für die Schweiz und 0043 für Österreich; die Null der Ortsnetzkennzahl entfällt.

Sauna

Im Finnland gibt es rund 1,4 Mio. Saunen; und in keinem noch so kleinen Hotel fehlt sie. Die qualmenden Rauchsaunen von einst sind fast überall durch elektrische Saunaöfen ersetzt. Das Saunieren verläuft streng nach Geschlechtern getrennt – fast puritanisch. Nur Familien und Jugendliche saunieren gemeinsam.

Souvenirs

Für schöne und ausgefallene Dinge muß man noch immer tief in die Tasche greifen. Typisch finnische Qualitätsartikel sind Textilien von Marimekko, Strickwaren und Damenbekleidung von Annikki Karvinen, Glas und Keramik von Iittala, Porzellanartikel von Arabia, Sportwaren von Karhu oder Luhta und Holzartikel von Aarikka.

Trinkgeld

Trinkgelder sind in Finnland so gut wie unbekannt und werden höchstens von Gepäckträgern und Garderobieren akzeptiert.

Wetterdaten

Helsinki	Tages-temp. max.	Nacht-temp. min.	Wasser-temp.	Tage mit Nieder-schlag	Sonnen stunden pro Tag
Januar	–3°	–9°	1°	9	1
Februar	–3°	–9°	1°	7	3
März	1°	–5°	1°	8	4
April	6°	0°	2°	7	6
Mai	14°	6°	5°	6	9
Juni	19°	11°	11°	7	10
Juli	21°	14°	16°	9	9
August	19°	13°	16°	11	7
September	14°	8°	13°	11	4
Oktober	9°	4°	9°	10	3
November	4°	–1°	5°	12	1
Dezember	0°	–6°	3°	11	1

Quelle: Deutscher Wetterdienst, Seewetteramt Hamburg

Register

(**Fettgedruckte** Ziffern verweisen auf Autoatlas und Stadtplan, unterstrichene Ziffern auf Abbildungen)

Zeichenerklärung Karten

Autoatlas

Autobahn mit Anschlußstelle - Tankstelle - Rasthaus - in Bau
Vier- oder mehrspurige Autostraße, ein- oder zweibahnig - in Bau
Fernverkehrsstraße - in Bau
Wichtige Hauptstraße - Hauptstraße
Nebenstraße - Sonstige Straßen
Fahrweg (nur bed. befahrb.) - Fußweg
Gebührenpflichtige Straße
Straßennumerierung — 88
Europastraßennummer — E23
Entfernungen an Autobahnen in km — 75, 30, 45
Entfernungen an übrig. Straßen in km — 21, 10, 11
Eisenbahn - Skilift - Seilbahn
Autofähre - Autofähre an Flüssen
Autoverladung
Flughafen - Flugplatz
Hauptstadt — HELSINKI
Besonders sehenswert (Ort, Bauwerk o. Natursehenswürdig.) — *Seurasaari*
Sehenswert (Ort, Bauwerk o. Natursehenswürdig.) — Naantali
Sonstige Sehenswürdigkeit — *Aulanko*
Landschaftlich schöne Strecke - Aussichtspunkt
Burg, Schloß - Kirche - Kloster - Ruinen
Höhle - Turm - Leuchtturm
Nationalpark
Alleinstehendes Hotel - Berghütte - Jugendherberge
Feriendorf - Motel - Campingplatz
Lappenlager
Sperrgebiet
Staatsgrenze mit Grenzübergang - Verwaltungsgrenze

Stadtplan

Autobahn - Vierspurige Straße
Bundes- oder Fernstraße - Hauptstraße
Sonstige Straßen
Einbahnstraße - Fußgängerzone
Hauptbahn mit Bahnhof
Sonstige Bahnen
Straßenbahn - Buslinie
Schiffahrtslinie
Denkmal - Parkplatz - Information
Polizei - Krankenhaus - Post
Sehenswerte Kirche - Sonstige Kirchen - Moschee
Jugendherberge - Hotel
Bebauung, öffentliches Gebäude
Industriegebiet
Park, Wald

Impressum

Verlag: HB Verlags- und Vertriebs-Gesellschaft mbH, Alsterufer 4, 20354 Hamburg, Postfach 300660, 20347 Hamburg, Telefon 040/4151-04, Telefax 040/4151-3231. Geschäftsführer: Kurt Bortz, Jonny Bülow, Dr. Joachim Dreyer

Redaktion und Produktion: Harksheider Verlagsgesellschaft mbH, Fabersweg 1, 22848 Norderstedt, Postfach 5249, 22822 Norderstedt, Telefon 040/528862-0, Telefax 040/5234056
Redaktion: Ulrike Klugmann (verantwortlich), Dr. Johannes Bohmann **Text und Bildrecherche:** Bert Baesgen, Olfen **Exklusiv-Fotografie:** Fred Krüger, Berlin **Layout:** Rolf Bünermann, Gütersloh
Kartografie: © RV Reise- und Verkehrsverlag, München und Stuttgart © Kartografie: GeoData Geographische Datenbanken, Stuttgart
HB-Bildatlas Fotoservice: Harksheider Verlagsgesellschaft mbH, Postfach 5249, 22822 Norderstedt, Telefon 040/528862-22, Telefax 040/5234056

Für die Richtigkeit der in diesem HB-Bildatlas angegebenen Daten – Adressen, Öffnungszeiten, Telefonnummern usw. – kann der Verlag keine Garantie übernehmen.
Nachdruck, auch auszugsweise, nur mit vorheriger Genehmigung des Verlages. Erscheinungsweise: monatlich

Anzeigenalleinverkauf: KV Kommunalverlag GmbH, Postfach 810565, 81905 München, Telefon 089/928096-24, Telefax 089/928096-20
Vertrieb Zeitschriftenhandel: Partner Pressevertrieb GmbH, Postfach 810420, 70521 Stuttgart, Telefon 0711/7252-210, Telefax 0711/7252-375
Vertrieb Abonnement und Einzelhefte: Zenit Pressevertrieb GmbH, Postfach 810640, 70523 Stuttgart, Telefon 0711/7252-198, Telefax 0711/7252-333
Vertrieb Buchhandel: Mairs Geographischer Verlag, Marco-Polo-Zentrum, D-73760 Ostfildern, Telefon 0711/4502-0, Telefax 0711/4502-340
Reproduktionen: Otterbach Repro GmbH & Co., Rastatt **Druck und buchbinderische Verarbeitung:** SOV Graphische Betriebe, Bamberg. Printed in Germany

ISBN 3-616-06269-1

Reiseziel Kärnten

Österreichs südlichstes Bundesland: hohe Gipfel, stille Täler, warme Seen

Foto: Blick von Egg am Faaker See auf die Karawanken.

Dem Temperament, der Sangesfreude und der Grenzlage zu Italien und Slowenien verdanken die Kärntner den Ruf, die ›Sizilianer‹ Österreichs zu sein. Tatsächlich haben die Verschmelzung von nördlicher Sachlichkeit und südlichem Lebensmut, die enge Koexistenz verschiedenster Kulturräume – des deutschsprachigen, des slawischen und des romanischen – im Wesen der Kärntner Spuren hinterlassen.

Und dann trägt das Klima das Seine dazu bei. Denn kein anderer Teil der Alpenrepublik verfügt über so viele Sonnenstunden, die nicht zuletzt den 198 Seen zu ihren meist sehr badefreundlichen Wassertemperaturen verhelfen. Die Winter sind dafür kalt und schneereich: ein sicherer Tip für die Freunde von Wintersport und -wanderungen.

Ob Sommer, ob Winter, nirgendwo in Österreich erscheint die Bergwelt majestätischer. Ragt hier doch mit 3797 Metern der Großglockner, des Landes höchster Berg, in den Himmel. Umgeben von dem Naturschutzgebiet Hohe Tauern, Mitteleuropas größtem Nationalpark, Refugium seltener Alpenflora und -fauna. Naturbelassenheit, man findet sie auch in den Tälern, wie dem Lesachtal, dessen Abgeschiedenheit Erholung pur verspricht.

Urbane Vitalität zeigt dagegen die Landeshauptstadt Klagenfurt mit ihren schönen Plätzen, Gassen und Museen. Und was wäre Kärnten ohne die Trachten, die Jahrmärkte, Kirchtage und Brauchtumsfeste? Sie gibt es wie einst, trotz aller noch so extremen Funsportarten zu Wasser, zu Land und in der Luft.

Lieferbare Ausgaben

27 Venedig und Venetien
32 Kopenhagen
36 Niederbayern · Hallertau
38 Bornholm
39 Tirol · Innsbruck
40 Flandern · Antwerpen · Brügge · Gent
41 Trier
45 Jütland
46 Hohenloher Land
47 Vorarlberg
51 Osnabrücker Land
53 Tessin
54 Wien
57 Emilia-Romagna · Vom Apennin zur Adriaküste
59 Provence
61 Teneriffa · Gran Canaria · La Palma · Gomera · Hierro · Fuerteventura · Lanzarote
62 Luxemburg
63 Hessisches Bergland
64 Fichtelgebirge · Frankenwald · Coburger Land
65 Frankfurt
66 Steiermark · Graz
67 Côte d'Azur · Monaco
68 Dänische Inseln · Seeland · Fünen · Lolland · Langeland · Falster
70 Bodensee · Oberschwaben
71 Stuttgart und das Neckarland
72 Zentral- und Ostschweiz · Zürich · Luzern · St. Gallen
73 Hannover · Braunschweiger Land
74 Italienische Riviera · Genua
75 Altmühltal
76 Chiemgau · Berchtesgadener Land
77 Emsland · Grafschaft Bentheim
78 Sachsen
79 London
81 Kreta
82 Teutoburger Wald · Ostwestfalen
83 Costa del Sol · Andalusien
84 Oberbayern zwischen Lech und Inn
85 Korsika
86 Bayerischer Wald
88 Schwäbische Alb
89 Südtirol
90 Hunsrück · Naheland · Rheinhessen
91 Paris
92 Sizilien
93 Allgäu
94 Thüringen
95 Oberpfalz · Regensburg
96 Barcelona
97 Ostfriesland · Oldenburger Land
98 Westerwald · Taunus · Rheingau
99 Mecklenburg-Vorpommern
100 Salzburger Land · Salzburg
101 Lüneburger Heide
102 Die Loire
103 Köln
104 Rhodos · Dodekanes
105 Rom
106 Südnorwegen · Fjordland
107 Berlin
108 Bayerisch Schwaben · Augsburg · Nördlingen
109 Costa Brava · Katalonien
110 Sauerland
111 Brandenburg
112 Die Pfalz
113 Elsaß
114 Sachsen-Anhalt
115 Graubünden
116 Düsseldorf
117 Mallorca · Menorca · Ibiza · Formentera
118 Südschweden · Stockholm
119 Münsterland · Münster
120 Prag
121 Eifel · Aachen
122 Bretagne
123 Weserbergland
124 Südengland
125 Fränkische Schweiz
126 Gardasee · Trentino
127 Rhön
128 Malta
129 Harz
130 Algarve · Lissabon
131 Hamburg
131 Hamburg, English Edition
132 Normandie
133 Elbe und Weser · Nordseeküste
134 Madrid
135 Die Mosel
136 Sardinien
137 Mainfranken · Steigerwald · Haßberge
138 Budapest
139 Südschwarzwald
140 Griechische Inseln: Kykladen
141 Thüringer Wald
142 Oberitalienische Seen · Lombardei · Mailand
143 Odenwald · Kraichgau · Bergstraße
144 Schottland
145 Dresden · Sächsische Schweiz
146 Holland · Inseln · Küste · Amsterdam
147 Spessart
148 Danzig · Ostsee · Masuren
149 Rhein und Ruhr
150 Costa Blanca · Valencia · Alicante
151 Mittelfranken · Ansbach · Rothenburg · Nürnberg
152 St. Petersburg
153 Nördlicher Schwarzwald
154 Basel · Bern · Aargau · Solothurn
155 Ostbayern zwischen Donau und Inn
156 Golf von Neapel · Kampanien
157 Ostseeküste Schleswig-Holstein
158 Irland
159 Nordseeküste Schleswig-Holstein
160 Französische Atlantikküste
161 Saarland
162 Burgenland
163 Weimar· Erfurt · Nördliches Thüringen
164 Böhmen
165 München
166 Zypern
167 Toskana · Florenz
168 Ostseeküste Mecklenburg-Vorpommern
169 Südfinnland · Helsinki

Überall im Buchhandel / Bahnhofsbuchhandel erhältlich oder zu bestellen unter Telefon 0711/7252-198, Fax 0711/7252-333

In Vorbereitung

170 Kärnten
171 Erzgebirge · Vogtland · Chemnitz
172 Tessin